.

Ob als junger Wilder in den späten Jahren der Weimarer Republik oder als kritischer Autor im Nachkriegsdeutschland: Günther Weisenborn hat immer wieder klar Stellung bezogen. Die Erinnerung an den Widerstand gegen die Nationalsozialisten war ihm ebenso wichtig wie das Warnen vor einem Wiedererstarken des Faschismus in der jungen Bundesrepublik, in der er sich immer wieder den Anfeindungen der Rechten ausgesetzt sah. Heute ist vieles von dem, was er geschrieben hat, in Vergessenheit geraten – oder noch gar nicht veröffentlicht worden. Aus dem Werk und dem umfangreichen Nachlass Weisenborns hat Carsten Ramm Gedichte, Songs, Erzählungen und Essays, auch bisher unveröffentlichte Texte, zu einem Lesebuch zusammengestellt, das den Autor wiederentdeckt und im Kontext seiner Zeit vorstellt.

Günther Weisenborn, geboren 1902 in Velbert, arbeitete als Schriftsteller und Dramatiker. 1945 von der Roten Armee aus der Haft befreit, war er Mitherausgeber der Satirezeitschrift »Ulenspiegel« und Mitbegründer des Berliner Hebbeltheaters, wo 1946 sein Stück »Die Illegalen« uraufgeführt wird. Im PEN-Zentrum und in der Berliner Akademie der Künste engagierte sich Weisenborn für die Zusammenarbeit von ost- und westdeutschen Autoren. Seine Texte waren geprägt von kompromisslosem Antifaschismus und Protest gegen Wiederbewaffnung und atomare Aufrüstung. 1969 starb Weisenborn in Berlin, sein Todestag jährt sich am 26. März 2019 zum fünfzigsten Mal.

Carsten Ramm, geboren 1958 in Hannover, ist Regisseur, Dramaturg und seit 1998 Intendant der Badischen Landesbühne Bruchsal, wo im September 2019 seine Günther-Weisenborn-Collage »Der Illegale« zur Uraufführung kommt. Im Verbrecher Verlag gab er bereits Hans Schweikarts Filmerzählung »Es wird schon nicht so schlimm!« heraus.

Günther Weisenborn

BIST DU EIN MENSCH, SO BIST DU AUCH VERLETZLICH

Ein Lesebuch

Herausgegeben von Carsten Ramm

VERBRECHER VERLAG

Der Verlag und der Herausgeber danken dem Freundeskreis
Badische Landesbühne für die Förderung des Buches.

1. Auflage
Verbrecher Verlag Berlin 2019
www.verbrecherverlag.de

© Verbrecher Verlag 2019
Illustration: Christine Ramm
Satz: Saskia Kraft
Druck und Bindung: CPI Clausen & Bosse, Leck
ISBN: 978-3-95732-377-4
Printed in Germany

Der Verlag dankt Kyra Becht und Max Dornemann.

I. AUSKUNFT

11   1917

15   Auskunft in eigener Sache

II. REVUE

25   Strophe für Rebellen

26   Maschinensong

27   Das ist das Lied mit »Ach so«

29   [Straße frei in das Barbarental!]

31   S.O.S.-Choral

33   [Lied der Gloria]

35   Lied vom Kriege

36   Choral vom weißen Käse

38   Ballade von einem der auszog, das Gruseln zu lernen

41   [Den Himmel hat ein Krieg besetzt]

42   Abendchoral

III. DER ILLEGALE

45   Von der eignen Haut

47   An die Freunde

48   Erscheinung

49   Leben der Illegalen

50   Ballade vom verratenen Zimmermann

53   Harro und Libertas

58   Das Lied der Illegalen

59   [Wer hilft dir?]

60   [Bist du ein Mensch, so bist du auch verletzlich]

62   Es gab eine deutsche Widerstandsbewegung

68   Die Gruppe

75   Siebenundsiebzig Männer

77   Mit Brecht im Gestapo-Keller

80   Gewissen gegen Paragraphen

86   Lied von der Vergesslichkeit

IV. MELANCHOLIE

91   Flaschenpost

93   [Der Mensch hat nichts zu lachen]

94   Melancholie

95   Nachtgesang

96   [Ach, gelernte liebe Zärtlichkeiten]

97   Und du bleibst stehn vor Erschrecken

98   Drei Additionen

103   Regenlied

105   Wolkenlied

107   Lied von den Türen

109   Desperates Schlaflied

110   Lied im Zorn

111   Lasst uns Steine säen

114   Bitte um Mitternacht

117   Lied vom Geschrei

V. HEIMKEHR

121   Als die Stadt schwieg

124   Heimkehr nach Berlin

126   Eine Stadt namens Dresden

130   Von der Stadt Berlin

132   Das war Berlin
138   Begegnung am Abend
146   Die Nationen Europas

VI. WAHRHAFTIGKEIT

151   Mit Brecht in Zürich
154   Salut an Hemingway
156   Nachwort zu Brechts Tod
161   Auf den Tod eines Dichters
171   Von der Wahrhaftigkeit des Realismus
177   Er kam nachts

VII. KIOSK

187   Kiosk
189   Notiz vom Lachen
192   Ballade vom Aquavit
193   Die Galionsfigur
195   Bei Betrachtung dreier Bilder
198   Die Thunfische von Bakar
200   Ein Tiefseetaucher
204   Über die Muße

VIII. VON DEN WAFFEN

213   Von den Waffen
214   Mekong-Ballade
215   Der Interessent
216   Die Ballade vom Bikini-Fisch

218   Das Lied vom Lehrer Leid

219   Tag X

222   [Die geistige Vorbereitung auf den nächsten Krieg]

224   [Dreierlei Kriege sinds]

IX. ZUKUNFT

227   [Ach, mit Hass und Eisen]

228   Lied von der Freiheit

230   Besuch in der Sternwarte

234   Von den Völkern der Erde

236   Der Choral von der Vernunft

238   Begegnung mit M1

243   Lied von den Kommenden

245   Lied von der Zukunft

X. EPILOG

249   Theresienstadt

250   [Schlusschor]

252   Die Fehler des seligen GW

255   Editorische Notiz

257   Anmerkungen

I. AUSKUNFT

1917

Als ich fünfzehn war, hatte ich ein Erlebnis, das sich mir einprägte.

Wir hatten, wie so oft, am Rheinufer gelegen, gelacht und geschwommen, die ganze Bande, Mädchen auch. Wir waren über den Rhein geschwommen und hatten uns an die Schleppzüge angehängt, um stromaufwärts mitgezogen zu werden. Mancher Fischer lachte über uns, aber es gab auch andere. Sie schickten ihren kleinen Hund, der uns aufgeregt anbellte und manchmal verjagte. Später lagen wir im Gras, trocken, frisch und lachten. Besonders hell lachte eine Paula, die auch am besten Lieder sang. Manchmal sang sie mit ihrer Oberstimme über die andern hin, dass ich mir wünschte, sie sänge jeden Tag.

Abends fuhr ich im Dunkeln allein mit dem Fahrrad in unsere Kleinstadt zurück. Ich nahm mir vor, Paula wiederzusehen. Es gab nur eine Schwierigkeit, wo Paula erschien, da war auch Albert zu sehen. Aber dann geschah's.

Da ich nicht auf den Weg geachtet hatte, stürzte ich in den Fluss Dhünn und lag einen Augenblick wie betäubt im Wasser. Ich begriff zum ersten Mal und sofort, dass man einen Fehler begehen kann, den man einfach nicht mehr für möglich gehalten hätte. Da war er. Ich fuhr mit dem Fahrrad nachdenklich nach Hause. Irgendwo war Krieg, morgens in der Schule tauschten wir wählerisch wie Feinschmecker die Bombensplitter.

Als ich fünfzehn war, brach der siegreiche Weltkrieg langsam zusammen. Giftgas lag in der Luft. In Russland kamen Arbeiter und Bauern an die Macht, und bei uns begann der Hunger. Und der Kaiser, über den wir so viele Lieder gesungen hatten, war geflohen. In diesen Tagen brach unsere Welt zusammen. Nichts stimmte mehr. Wenig später sah ich die Westfront, eine deutsche Armee über die Rheinbrücken zurückfluten, grau, elend, manche mit Blumen, manche mit blutigen Verbänden, mit roten Armbinden, Mädchen auf den Kanonen reitend, singend: »In der

Heimat ... in der Heimat ...«, humpelnd, ohne Waffen, mit Wanderstäben und Krücken. Die Lesebücher stimmten nicht. Dies war wahr! Aber was für eine Lektion? Welcher Jugendliche hatte schon eine ganze Armee vor dem Feind davonmarschieren gesehen, welche elenden Uniformen, welche armen Gesichter. Hier kam die Front nach Hause.

Abends hatten wir Einquartierung, ein Leutnant und drei Mann, die sofort in die Kneipe gingen. Mein Vater spielte mit dem Leutnant Schach. Sie sprachen wenig und tranken, denn der Leutnant war sehr traurig, wie ich bemerkte. Sie waren der Rest einer Kompanie.

Und dann kam der Feind. Unsere kleine Stadt am Rhein hatte alle Türen und Fenster geschlossen. Kein Mensch war gegen Abend auf den Straßen. Nur wir Schüler schlichen durch die Gärten, und dann sahen wir ihn, den Feind. Oben am Ende der Hauptstraße erschienen federnd etwa acht Reiter mit schiefen, flachen Stahlhelmen, trabend, sich im Sattel wiegend, Maschinenpistolen unterm Arm, schussbereit. Sie kamen gelassen die Straße heruntergetrabt, genau die Fenster und Dächer musternd, graugelb, martialisch. Die Pferdehufe klapperten wie fallende Regentropfen auf ein Dach. Kein Wort fiel, kein Befehl.

Wir sahen sie, die gelassenen Sieger der einzigen Weltmacht, die es damals gab. Wir hielten uns verborgen und waren immer noch ein jugendlicher Rest von Feind.

Dann kamen andere Reiter, und dann eine rollende Einheit, und schließlich waren wir besetztes Gebiet mit britischen Fahnen, die im Herbstwind wehten.

Wir hungerten noch erbärmlich. Aber von den Vorräten der Sieger wurde Fett und Fleisch verteilt. Ich sah zum ersten Mal Bananen. Dies Leben gefiel uns, und die Sieger waren gar nicht so, merkten wir erstaunt.

Dazu kam die freudige Überraschung, dass unser Gymnasium geschlossen war. Als wir uns eines Vormittags dort trafen, kam mir mein Freund Erich strahlend entgegen und schrie: »Mensch! Die Penne ist zu!«

Er rannte mit mir zurück, denn eine ganze Heerschar Inder war dort einquartiert worden, dunkle Gesichter, Gurkhas, wie andere Schüler murmelten. Diese dunkelhäutigen, frierenden Soldaten machten uns deutlicher klar als jede Unterrichtsstunde, dass Großbritannien damals eine Weltmacht war. Wir drangen bis in einen Flur vor und zeigten den Soldaten den Knopf der Schulglocke. Und nun war es ergötzlich, zu sehen, welche Freude die Inder daran fanden, auf den Schulknopf zu drücken, so dass es durch alle Flure hallte. Immer neue Soldaten sammelten sich um den Knopf und alle wollten den verdammten Lärm der Schulglocke ausprobieren. Sie unterhielten sich lange in ihrer sonderbaren Sprache über den Sinn der Glocke, bis wir ihnen deren Folgen vorspielten. Wir nahmen eine Mappe in die Hand und eilten ernst und bekümmert in eine Klasse. Wir setzten uns gehorsam und hoben den Finger. Dann läutete die Glocke wieder und wir sprangen auf und kamen vergnügt herausgerannt. Die Gurkhas lachten und wir lachten. Aber ehe wir alle das Spiel fortsetzen wollten, kam ein Sergeant und wies uns hinaus. Als wir gingen, hörten wir noch lange die Schulglocke.

Ein Gott mit Krone war geflohen. Eine deutsche Armee hatten wir auf dem Rückzug erlebt, armselig wie nie. Für fünf Mark hatten wir ein lahmes Pferd gekauft. Vermutet irgendjemand, dass wir noch ein Wort von Generälen und Ministern glaubten, die Hunderttausende kleine Leute kaputtschießen ließen und dann flink machten, dass sie ins Ausland kamen? Gehorsam? Wir waren frisch geborene Deutsche, für die diese deutsche Welt ein Narrenhaus war, ein Kral mit Schamanen, Götzen und Weihrauch-Clowns. Wir hatten die Verlierer gesehen, unsere alte Welt, und die Sieger, eine fremde Welt, und die Gurkhas, die sich für die Schulglocke interessierten. Wir gingen in die furchtbaren Hungerjahre. So viel lernten wir, dass Menschen nie wieder einen Krieg anfangen dürften, oder sie wären keine Menschen mehr.

Und dann zog eines Morgens eine Flut von singenden Kolonnen über die Hauptstraße, ihr voraus drei Matrosen von der Kriegsmarine, sie trugen rote Fahnen. Es war Revolution in Deutschland. Erschrocken hörten wir, wie die Menschenmassen die »Internationale« sangen.

Das war neu, das war aufregend.

Wir fragten sofort, sind die für einen Krieg? Nein. Viele nicht. Damals ... Das beruhigte uns. Für uns gab es nur noch einen Wert: Politiker, die nicht nur vom Frieden redeten, sondern sofort abrüsteten.

Die Demonstranten verschwanden bald wieder, denn sie zerstritten sich, und die Generäle kehrten zurück.

Wir wussten damals noch nicht, dass eine deutsche Regierung zehn Jahre später schon wieder aufrüstete und rund zwanzig Jahre später schon wieder einen Krieg anfing. Aber wir hatten eines begriffen, der Frieden ist kein Traum, sondern eine direkte Notwehr. Das lernten wir später.

Auskunft in eigener Sache

Verschiedenen Briefen und Anfragen entnehme ich, dass über meine politische Haltung mancherorts gewisse Unklarheiten bestehen, besonders über meine Beziehungen zur DDR.

Ich bin der Meinung, dass man darüber sprechen soll, und genau. Darum gebe ich hiermit Auskunft, und diese Auskunft ist privater Art.

Meine Beziehungen nach drüben sind erstens literarische, d.h. drüben sind Bücher von mir gedruckt worden (wie in elf anderen Ländern auch) und Stücke von mir werden in Ostdeutschland gespielt (wie in anderen Ländern auch: USA, England, Holland, Belgien, Japan, CSR, Jugoslawien). Außer mir ist es eine große Anzahl von westdeutschen Autoren, die drüben gedruckt oder gespielt werden, z.B. Heinrich Böll, Wolfgang Koeppen, Albrecht Goes, Bernard von Brentano, Remarque, Zuckmayer, H.H. Jahnn, Erich Kästner, Ruth Schaumann, Hermann Hesse, Thomas Mann, Döblin und viele andere.

Werden alle meine Arbeiten drüben veröffentlicht?

Nein. Gewisse Stücke von mir werden nie in Ostdeutschland gespielt werden, gewisse Bücher werden nicht gedruckt. Im Übrigen wurden alle meine Arbeiten stets zuerst in der Bundesrepublik veröffentlicht.

Der Aufbau-Verlag hatte z.B. vor einem Jahr etwa in seinen gedruckten Prospekten meine beiden Bücher: »Der 3. Blick« und »Auf Sand gebaut« angekündigt, nachdem der Desch-Verlag mit ihm einen Lizenzvertrag abgeschlossen hatte. Kurz vor der Veröffentlichung des Berliner Romans »Der 3. Blick« – er war schon gesetzt! – schlug mir der Verlag gewisse, nicht sehr umfangreiche Textänderungen vor, die ich ablehnte. Es kam zu einem Konflikt. Ich verweigerte die Druckerlaubnis für beide Bücher und löste den Vertrag. Inzwischen bekam ich Bedenken, den Bonn-Roman »Auf Sand gebaut« überhaupt in der DDR erscheinen zu lassen, da es sich hier um die literarische Kritik eines westdeutschen Schriftstellers an westdeutschen Zuständen handelt, die nicht in die DDR gehört.

Sie mögen daraus ersehen, dass ich im ersten Fall die literarische Freiheit in der Tat und energisch verteidigte, am zweiten Fall, dass ich als Autor verantwortungsbewusst zu handeln suche, auch unter materiellen Verlusten.

Im Übrigen bin ich der Meinung, dass meine Stücke überall, auch in der Hölle gespielt werden sollten, da ich glaube, dass sie eine humane und freiheitliche Wirkung auf die Öffentlichkeit ausüben, auch auf die westdeutsche Öffentlichkeit, wenn die Theater sie öfter spielen würden. Dass meine Stücke diese Wirkung haben, ist ihnen tausendfach durch die internationale Presse bestätigt worden und sie sind in Ostdeutschland nie anders gespielt worden als in Westdeutschland oder in anderen Ländern.

Meine zweite Beziehung besteht in einigen privaten Bindungen zu echten Freunden, die politisch bedeutungslos sind.

Meine dritte Beziehung ist die korrespondierende Mitgliedschaft zur »Akademie der Künste« in Ost-Berlin. Außer mir sind es Piscator, H. H. Jahnn, Erich Engel, Marcel Marceau, Leonhard Frank, Jean Vilar, Frans Masereel, Picasso, Diego de Rivera, Giorgio Strehler, Otto Pankok. Die korrespondierende Mitgliedschaft kostet weder Sitzungen, noch bringt sie Geld ein, sie ist eine reine Papierangelegenheit, die mir aber gewisse Möglichkeiten gibt.

So habe ich z. B. in der Harich-Angelegenheit einen ausführlichen Brief an Ministerpräsident Grotewohl geschrieben, der wie ich hoffe, eine positive Wirkung gehabt hat. Weitere Briefe werden von Fall zu Fall folgen. Auch in anderen Fällen habe ich mich für Verhaftete eingesetzt. Das ist nämlich möglich, und ich halte das für im eigentlichen Sinn Not-wendiger als das sterile Boykottsystem der kalten Kriegerei mit seinem politischen Null-Ouvert.

Dies wären die Beziehungen zum Osten. Im Übrigen bin ich ein völlig unabhängiger und freier Schriftsteller, keiner Gruppe oder keiner Partei dienstbar als eigenen Ideen. Meine Partei ist die Kultur. Das habe ich mir bitter erkämpft und zwar unter großen Schwierigkeiten.

Wenn ich von Freiheit und Verantwortung spreche, so ist das nicht leeres Gerede. Mein Lebenslauf bietet Beweise dafür, dass ich sie zu verteidigen weiß:

Ich unterstützte nie in irgendeiner Weise das Hitlersystem.

Ich schloss mich 1937, als der Nazismus auf der Höhe seiner Macht stand, und ich aus den USA zurückkehrte, einer Widerstandsgruppe an und arbeitete fünf Jahre lang aktiv in dieser Gruppe. Ich hoffe, der Leser weiß, was das bedeutet?

1942 wurde ich verhaftet und wegen »Vorbereitung zum Hochverrat« (und nicht wegen Landesverrats!) angeklagt. Ein Nazi, der heute eine bedeutende Rolle spielt und eine große Pension bezieht, beantragte die Todesstrafe gegen mich. Das Gericht verurteilte mich zu drei Jahren Zuchthaus.

Ich habe drei Jahre schärfstes Zuchthaus hinter mir. Ich hoffe, man weiß, was das heißt.

Als ich befreit wurde, schrieb ich im »Memorial«, das 1946 erschien: »Es ist ein billiger Trost, dass nun in diese selben Zellen jene Männer kommen, die so schrecklich redeten und handelten und in deren Auftrag unsere Kameraden getötet wurden ... Angesichts der ergreifenden Größe dieses Wechsels wäre jedes Gefühl von Rache falsch am Platz. Was ihnen gebührt, soll im Bereich des Menschlichen bleiben, es soll Gerechtigkeit sein. Das ist unsere Meinung ...« Mit dieser Mäßigung schrieb ich damals, als ich auf das Äußerste erregt war von meinen Erfahrungen mit den Übeltätern, inmitten der alliierten und deutschen Vergeltungssucht und im Vollgefühl des vermeintlichen Sieges über das KZ-System.

1948 gab ich eine US-Lizenz für die Zeitschrift »Ulenspiegel« freiwillig zurück, als die US-Besatzungsbehörde von mir kalten Krieg verlangte. Das heißt, ein Mann, der im Krieg alles außer einem Köfferchen verloren hatte, gab eine Einnahme von DM 2000.- monatlich auf. Eine sowjetische Lizenz mit dem dreifachen Ertrag, die mir darauf sofort angeboten wurde, lehnte ich gleichfalls ab.

Heute gilt es aufzustehen gegen die heimlichen Denunzianten, die alles, was »links« ist verleumden. Wer sich gegen die Nazis zur Wehr setzt, ist ein Kommunist, wer für eine Verständigung sich einsetzt, ist Kommunist. Wer überhaupt einen unbequemen Kopf hat, ist ein Kommunist. Die Verleumder versuchen es bei ihren zahllosen Opfern in Westdeutschland mit Herabsetzungen, Agentengewäsch, geflüsterten Andeutungen und »diskreten Winken«. Ja, in welchem verfluchten Säkulum leben wir, dass sogar anständige Männer in Theaterbüros, Verlagen und Redaktionen von solcherlei infam zusammengekleisterten, brieflich verschickten »Warnungen«, solcherlei Krankheitskeimen angesteckt werden. Diese diskreten Verleumdungen, diese »Rundbriefe« aus der Unterwelt des politischen Kampfes schaffen Misstrauen und beeinflussen allmählich unser gesamtes kulturelles Leben. Wir leiden am Boykottismus. Man denke an: Adolf Grimme, Heinemann, Rowohlt, Frau Fassbinder, Herbert Wehner und viele andere. Wer nicht auf der christlich-konservativen Linie spurt, wird flott als Kommunist, als Agent denunziert.

Muss ich persönlich wirklich erklären, dass ich niemals irgendeiner Partei angehört, niemals irgendeinen Geheimdienst in Ost oder West kennen gelernt, geschweige einem angehört habe, dass ich dieses Unwesen immer verabscheut habe wie eine entsetzliche politische Hautkrankheit?

Muss ich erklären, dass ich niemals von irgendeiner politischen Stelle oder Person direkt oder indirekt für irgendwelche politischen Ziele in Ost oder West Geld bekommen habe?

Ist es nicht einfach grotesk, dass sich heute ein Schriftsteller mit derlei anonymem Gegeifer herumschlagen muss? Ich warte auf jenen Augenblick, in dem ich einen solchen Verleumder dingfest habe. McCarthy ist aus den USA, die sich seiner entledigt haben, nach Deutschland eingewandert.

Hier schreit er nicht, hier flüstert er, hier denunziert er brieflich, hier dirigiert er aus dem Dunkeln seiner »Kampfgruppen« oder »Ausschüssen«. Es ist ihm nicht wichtig, ob Nazis dabei sind, die einen alten Hass auf die »Linke« haben. Die Hauptsache ist: Die »Linke« wird geviertelt, gelähmt und geächtet.

Der Ruf eines Menschen gleicht einer lebenden und anfälligen Person. Wie oft aber wird diese in Gesprächen attackiert, zerhackt, in wahren Plappergelagen angenagt und angefressen. Es ist eine Art von braver Menschenfresserei in Gesprächen üblich geworden, die aus der heutigen Verfrontung stammt. Selbst anständige Menschen übernehmen arglos Vorstellungsbilder und Assoziationen aus der Küche des Nazismus und ergreifen auf diese Weise die Partei der Unmenschlichkeit. Die Unmenschlichkeit geht heute in Pantoffeln. Wohin sie kommt, blüht fahl der Boykott. Dieser Vorstellungsdiktatur mit dem heute üblichen Erregungsschema in Fragen der »Linken« sollte jeder human Denkende entgegentreten.

Es ist jenes nazistoide Frontdenken, das so beängstigend in Deutschland um sich greift und Einzelmeinungen kaum noch zulässt. Es ist ja solch simpler Grundsatz: Recht ist, was dem Osten schadet, gut ist, was dem Westen nützt!

Man sieht nicht mehr die sich stets verändernde Realität, man erkennt nicht einmal mehr Tatsachen an, man ist einfach ostblind. Das ist verhängnisvoll, das führt zu Katastrophen! Das ist eine Konsequenz des Kalten Krieges, der seit 25 Jahren in Deutschland gegen den Sozialismus geführt wird.

Ich habe als scharf beobachtender Einzelgänger Verschiedenes gelernt:

Der Kalte Krieg ist nicht nur ein regionaler Krieg gegen die DDR oder den Ostblock, sondern er ist auch zu einem Krieg gegen den Sozialismus überhaupt ausgeweitet worden. Da er zudem den furchtbarsten Gegner der Menschlichkeit, nämlich den deutschen Nazismus als Bundesgenossen hat, so habe ich nichts damit zu tun. Ich sage es.

Ich halte die militärische und geistige Aufrüstung der Deutschen für die nationale Katastrophe und befinde mich damit im scharfen Gegensatz zu vielen Menschen. Und ich sage es. Sie hat uns in Deutschland jene verruchte, muffige Provinzlust der Hetze gegen alles Linke zurückgebracht, die seit 30 Jahren hier meisterhaft und mit Hingabe betrieben wird mit allen Entweder-Oders der Dummheit. Sie wird die Menschen bei uns in Deutschland fatal verändern. Diesmal wird die Gleichschaltung auf einer streng restaurativen Linie mit Glaubensproporz erfolgen. Es wird das Klima kommen, in dem die Orden, die Todesstrafe, der Blutdunst, Ressentiments, Befehle und die Stiefel gedeihen, diesmal solche mit Gummisohlen. Und der freie Geist, der geschundene deutsche Geist, wird wieder einmal dem Fanatismus weichen.

Der Verdunkelung der Fenster geht immer eine Verdunkelung der Köpfe voraus.

Ich halte den Sozialismus für eine notwendige Methode, um die Welt vom Krieg und seinem daran verdienenden Auftraggeber, dem Kapitalismus, zu befreien, und ich sage es. Wohlgemerkt: ich meine kein stalinistisches Blutregime mit Meinungsdiktatur und KZ. Ich meine die innere Gewinnung der Menschen in Freiheit durch einen demokratischen Sozialismus für ein lebenswertes Leben ohne Herren und Knechte. Glauben Sie mir, das Denken hat eine große Zukunft! Blicken Sie sich um in der Welt! Sie verändert sich in ungeheurem Tempo, in Asien, im Orient und in Afrika.

Ich habe mein Leben lang vor der deutschen Dummheit gewarnt, die mit der deutschen Gewalttat Arm in Arm geht. Ich habe sie beide in Wort und Tat bekämpft, von jenen Tagen an, in denen ich als junger Mensch mit dem ersten Stück in der Berliner Volksbühne gegen den Krieg aufrief, in jenen unvergesslichen fünf Jahren, als es auf Leben und Tod ging, bis auf den heutigen bitteren Tag. Ich lebe in einer Welt voller Wirrnis, voller Angst und voller steriler Vorurteile, von denen mir die des Kalten Krieges die einfältigsten erscheinen.

Ist unser Deutschland nur noch ein Exerzierplatz des Kalten Krieges, auf dem die Köpfe gleichgerichtet antreten und auf Befehle subaltern, d. h. konformistisch funktionieren?

Als ich kürzlich von einer Reise durch China zurückkehrte, fielen mir hier in Europa die kalten, harten Gesichter auf. Ich wurde förmlich angeweht von einer Art Provinzialismus mit Selbstgefälligkeit. Ich erschrak tief, und in den schlaflosen Nächten nach meiner Rückkehr begriff ich, dass drei riesige Lemuren durch Deutschland ziehen: die Angst, der Boykott und die Unfruchtbarkeit. Sie sind unsichtbar, aber jeder fühlt sie. Diese drei entsetzlichen Geschwister schleichen auf und ab durch unsere Kultur, sie kriechen nachts in jeden Schlaf, klettern in jedes Fenster, und würgen jeden Menschen. Wo sie gewesen sind, hinterlassen sie zerbrochene Untertanen, Gelähmte, hilflose Kopfschüttler. Sie hinterlassen Uniformität und Konformismus.

Nur selten finden sich mutige Menschen, die den drei entsetzlichen Geschwistern widerstehen, die sie bekämpfen, wo sich auch nur eine Kralle von ihnen in einem Brief, in einem Wort zeigt. Diese Mutigen gilt es aufzurufen gegen die heimliche Gleichschaltung der Kultur, die das Unverbindliche, die brave Lauheit fördert.

Nur die entschlossenen und selbständig denkenden Köpfe Deutschlands sind es immer gewesen, die unsere Kultur dadurch weitertragen, dass sie die Einzelgänger, Unabhängigen, Rebellen, Trotzigen und Unbequemen nicht diffamieren lassen, nicht dem Boykott aufsetzen lassen, nicht dem Boykott aussetzen lassen, denn ihrer ist die Fruchtbarkeit.

Mit diesem Brief appelliere ich an den Mut der verantwortlichen Männer in Redaktionen, Theater-, Funk- und Verlagsbüros. Jeder hat eine innere Wahl zu vollziehen. Es ist die Wahl zwischen Aberglauben und Denken, zwischen Feigheit und Mut, zwischen Untertan und Mensch.

Es ist eine Wahl, es ist auch eine Entscheidung, die tägliche Entscheidung zwischen Konformismus, der den geistigen Untergang bringt, und zwischen lebendiger Kultur.

Ich habe in diesem Brief offen Auskunft gegeben.

Ich hoffe, dass dieser Brief Ihnen ein klares Bild bietet von der Situation eines unabhängigen Schriftstellers heute.

Das war es, was ich wollte. Die Folgerungen sind Sache des Lesers.

Danke sehr.

II. REVUE

Strophe für Rebellen

Es laufen viele Jungens durch die Stadt,
von denen kein Pastor 'ne Ahnung hat.
In jedem ist ein Anfang von 'nem Stück Paradies,
bloß, dass man »Ruhe« sagte – und sie kalt entließ.

Die Jungens lehnen dann am Zaun und rauchen
und überlegen sich allerhand,
aber keiner kann sie brauchen!

Und habt ihr uns alle steh'n gelassen,
dann müssen die Jungs sich ein Eisen fassen,
und soll dann noch kein Ende sein
und sagen die runden Westen »Nein«,

dann sagen die Jungens:
»Na dann los«, sagen die Jungens.
Und dann machen sie einen Schutzmann klein.

Mit einem Male war eine große Wunde da
und Kriminal und Steckbrief und Hunde, hurra!
Und jetzt haben sie mich, und ein Kopf geht drauf
und das Ganze nennt sich: ein Lebenslauf!

Dass das Herz verspricht, was das Geld nicht hält,
das ist die Melancholie von der Welt!

Maschinensong

Warum frisst die Maschine was sie kriegt?
Warum übergibt sie sich nicht?
Doch sie lacht und schlägt Zahn auf Zahn.
    Die Maschine treibt und treibt sich immerzu.
    Hoppla, Mann, 1 – 2 – 3 – ran!
    Na, und du?

Gestern ist dem Meister seine Hand
an der Walzmaschine halbwegs abgebrannt.
Er schrie, trat das Eisen vor Wut – das tat gut!
    Die Maschine treibt und treibt sich immerzu.
    Hoppla, Mann, 1 – 2 – 3 – ran!
    Na, und du?

Ein Mann, der im Eisen, das kreist, steht,
seht, der kommt, wenn es Abend heißt, spät.
Er stirbt vor lauter Eisen, doch was liegt daran.
    Die Maschine treibt und treibt sich immerzu.
    Hoppla, Mann, 1 – 2 – 3 – ran!
    Na, und du?

Sie bewegt sich wie im Wind ein Dickicht
doch die Äste sind aus Stahl. Und nicht
ein grünes Blatt bewegt sich hier im Saal.
    Die Maschine treibt und treibt sich immerzu.
    Hoppla, Mann, 1 – 2 – 3 – ran!
    Na, und du?

Das ist das Lied mit »Ach so«

Wer von Ihnen ist eigentlich froh?
Jeden habe ich in Verdacht, dass er in der Nacht nicht lacht!
Wem ist der Tod, der droht, einerlei?
    Ach so! Ja, da ist das Lachen vorbei.
    Jeder sagt manchmal: Ach so – –
    Heute ist man selten froh!

Viele Lachen und viele sind auch froh,
aber plötzlich sagt ein Mann »Ach so«
und das Lachen läuft aus wie ein Ei!
    Ach so! Ja, da ist das Lachen vorbei.
    Jeder sagt manchmal: Ach so – –
    Heute ist man selten froh!

Meine Gelächter ließ ich in der Jugend stehn,
man vergaß sie, man musste weitergehn.
Auch mit einem Mädchen ging mal was entzwei ...
    Ach so! Ja, da ist das Lachen vorbei.
    Jeder sagt manchmal: Ach so – –
    Heute ist man selten froh!

Man wird alt und läuft hinter sich her.
Man hat ein Gesicht, das liebt man nicht mehr,
und man stirbt damit, das ist einerlei.

    Ach so! Ja, da ist das Lachen vorbei.
    Jeder sagt manchmal: Ach so – –
    Heute ist man selten froh!

Ihr zieht den Mund vom Zahn und meint,
jetzt habt ihr gelacht. Doch ihr habt geweint!
Doch seid still, da ist weiter nichts bei ...

    Ach so! Ja, da ist das Lachen vorbei.
    Jeder sagt manchmal: Ach so – –
    Heute ist man selten froh!
    Ja, das Lachen ist vorbei.

[Straße frei in das Barbarental!]

Wir wollen nicht verzagen,
denn das nützt auch nicht viel.
Wir wollen es ertragen
als wäre es ein Spiel.
    Denn das Leben, Brüder, das ist zwar fatal,
    doch das Leben leben wir nun einmal!

Wir wollen nicht mehr beten
und auch nicht weinen mehr,
wie wir es sicher täten,
wenn wo ein Himmel wär'.
    Denn das Leben, Brüder, das ist zwar fatal,
    doch das Leben leben wir nun einmal!

Haha – was nützt das, all das Klagen
und all die Fragen zu ertragen?
Haha – was nützt das all?
Lasst uns Abschied nehmen von Moral!
Straße frei in das Barbarental!

Denn der Anstand ist bekannt als verbrannt
Vor dem Anstand sind wir
in ein andres Land gerannt!
Lasst uns Abschied nehmen von Moral!
Straße frei – hei! – in das Barbarental!

Wir wollen nicht geschlagen
und nicht verworfen sein,
wenn wir es endlich wagen,
uns selber einzuweihn
　　　in das Leben, Brüder, das ist zwar fatal,
　　　doch das Leben leben wir nun einmal!

Hängt sie auf, hängt sie auf die Moral!
Straße frei in das Barbarental!

S.O.S.-Choral

Wir laufen durch das Leben und jeder schreit:
»Hallo, Bruder, wo ist vorne?« in die Dunkelheit.
Aber alle laufen sie im Kreis
und alle werden langsam leis.
Dann sitzen sie an Tischen und in Kirchen herum
und warten auf das Signal.
Einer steht auf und sieht hinaus manchmal
und die große Trauer geht um:
Das niemand diesen Ruf vergess:
S.O.S. – S.O.S.!

Eines Tages stehn die Kneipen leer und die Büros
und die Kirchen, die Wolkenkratzer sind nicht mehr groß.
Groß ist allein das Menschenmeer.
Lauter Herzen schlagen darin hin und her.
Dann beginnt der Marsch der Menschen aus der Welt
in das Licht, das über uns steht.
Es kann sein, dass sie finden ein Gebet,
dass aus allen blassen Gesichtern gellt:
Das niemand diesen Ruf vergess:
S.O.S. – S.O.S.!

Die Welt steht leer, verlassen jede Stadt.
Ein Hund bellt vielleicht, und ein Schnee fällt matt.
Das ist die Welt aus alten Tagen.
Doch das Menschenmeer zieht umher
und will eine neue Welt aufschlagen!

Dann beginnt der Bau, zwanzig Sonnen sind bestellt,
damit es hell werde in der neuen Welt,
und sie funkelt und wird sein und ist wohl bestellt.
Aber noch sitzen wir in der alten Welt – indes:
Dass niemand diesen Ruf vergess: S.O.S.!

[Lied der Gloria]

Wenn ich aufstampfe,
mache ich schon Geschichte,
denn die Männer
stehn auf von ihren Geschäften
und vergessen ihre Partei.
    Achtet nicht auf eure Ziele!
    Achtet nicht auf euer Geld!
    Seid nicht so scharfäugig, Männer,
    denn Gloria tanzt ...

Wenn ich tanze,
bin ich Schlaf und Erwachen.
Ich lulle die Gesättigten
und reize die Hungernden,
ich zeige den Unterschied.
    Denkt nicht, wer bezahlt, dem gehör ich.
    Lacht nicht über den, der kein Geld hat.
    Seid nicht so kurzsichtig, Männer,
    wenn Gloria tanzt.

Wenn ich vergesse
zu tanzen, tritt mein Fuß
die Herren, die zahlen,

aber nachts geh ich in die Quartiere
der Armen und singe:
>   Achtet auf die Zeit, die herannaht!
>   Achtet auf die Zeichen der Straße!
>   Seid scharfäugiger, Männer,
>   denn Gloria tanzt ...

Lied vom Kriege

Steht auf! Steht auf!
Verlasst eure Stadt,
wir brauchen die Stadt für Granaten!
Steh auf, Bauer,
gib die Ernte heraus,
denn die fressen jetzt die Soldaten!

CHOR: Lass deine Braut stehn, Mann, setz den Helm auf,
es ist Krieg, und der Krieg braucht Gewehre!
Wir brauchen die Stadt und wir brauchen das Feld!
Es war ein Ährenfeld und wird ein Feld der Ehre!

REZITATIV: Massengräber stehn noch offen!
Dynamit steht bereit für die Städte!
Mit Kanonen mäht man die Wälder!
Und überall zogen die lachenden Kompanien aus,
und wurden tote Kompanien!

Choral vom weißen Käse

Entschuldigung, ich sehe nicht ganz richtig,
Denn ich bin blind, doch das ist nicht so wichtig.
Denn ich habe einen Glauben, der ist schön,
Und einen Weißenberg, zu dem wir beten gehn.
So nimm denn meine Hände und führe mich.

Als ich krank war, trat der Meister ein,
Legte weißen Käse auf die Augen mein,
Lobte Gott und sagte: »Du bist Gottes Kind!
Ich heile Dich!« Doch leider ward ich blind.
Bis an mein selig Ende und ewiglich.

»Das ist schlimm«, sprach er, »doch ist es besser,
Dass du diese Welt nicht siehst, mein Kind.«
»Das ist gut«, sprach er, »denn Gottes Gnade
Braucht man nicht zu sehn, die glaubt man blind.«
Ich kann allein nicht gehen, nicht einen Schritt.
Wo du wirst gehn und stehen, da nimm mich mit.

Und ich sprach: »Schließ allen doch die Augen
Mit weißem Käse, Weihrauch und Gebet.
O wie schön wär es doch, nicht zu schauen,
Was auf dieser Welt hier vor sich geht.«
Lass ruhn zu deinen Füßen dein armes Kind.
Ich will die Augen schließen und glauben blind.

Heiliger Meister Weißenberg, ich bet zu dir.
Mach uns alle blind, denn Blindheit brauchen wir.
Du bist ewig Herr und auch noch schwarz-weiß-rot.
Du kannst alles, du sagst selber, du bist Gott!
Wenn ich auch gleich nichts fühle von deiner Macht.
Du führst uns doch zum Ziele auch durch die Nacht.

Wir armen Leute haben keine Zeit
Für Klassenkampf und sowas. Lasst uns beten!
Unser Meister sprach: »In Demut steht bereit,
Gottes Kinder lassen gern sich treten.«
Von Ewigkeit zu Ewigkeit. Amen!

Ballade von einem der auszog, das Gruseln zu lernen

I.

PROSAIST MIT ZEIGESTOCK: An der Kasse hat soeben ein Herr Aufsehen erregt, weil er den Eintritt nicht zahlen konnte. Wieso? Er behauptet, er sei der gedrückte Mittelstand. Ich betrachte das als eine seiner üblichen Ausschreitungen und zeige Ihnen hier den Mann als abschreckendes Beispiel ...

(Ein Clown tritt ein)

Betrachten Sie sein Parterre. Die Hose hat Fransen ... und Bügelfalte. Er trägt Fransen mit Bügelfalte, dazu ziemlich weiche Beine, sein Bauch ist verschwunden, achten Sie auf sein Gesicht, dessen Züge ärmlich, aber sauber gewaschen sind. Diesem Mann ging es vor langer Zeit zu gut, und er zog aus, das Gruseln zu lernen, einst hatte er seinen Bauch, sein Geld und seine Weltanschauung, aber heute ... erzähle es uns, wie heißt Du?

AUGUST: August Mittelstand.

PROSAIST: Also August, erzähle uns, wie es Dir ging, als Du auszogst, das Gruseln zu lernen ...

II.

AUGUST: Am ersten Tag zog der tapfere August aus,
und am ersten Tag, da war Krieg.
August schoss und schrie, griff an und riss aus.
Doch ein Dolchstoß kam geflogen und August teils nach Haus.
Angetreten, August! ... Legt an, August! ... Drück ab, August! ...
Vorwärts marsch, August! ... Durchhalten, August! ... Jetzt hau ab,
Mensch, du verdammter Hund! ....

    Am Heiligen Abend im Argonnerwald
    hat mich ein Tommy vor den Latz geknallt.
    Das gefällt mir nicht.
    Doch es gruselt mir nicht,
    trotz Gas und Gelbkreuzgranaten nicht,
    nein, es gruselt mir nicht.

PROSAIST: Man schlug auf ihn ein, leerte ihm die Taschen, brach ihm
die Beine, gab ihm Eisen zu fressen und Gas zu schlucken. Er stiftete,
wem auch immer, Waggons voll Blut. Er war im Pütt, er war im Kitt-
chen, er war im Krankenhaus, der Mittelstand.
Aber Sie ... und sie .... und Sie ....
Sind nicht wie August, wie?
Sie haben Energie, Sie, wie?

III.

AUGUST: Zum dritten Mal zog der arme August aus
Auf die Höfe, und da sang er im Schnee.
Morgens flog ein Sechser für ihn zum Fenster raus,
abends blühte hinter seiner Rippe die T. B.
Teppich klopfen, August! ... Stempeln gehen, August! ...
Trocken Brot, August! ... Straße frei, August! ...
Polizei, August! ... Gehn Sie weg da, Sie verdammter Hund!
    Das gibts nur einmal, das kommt nicht wieder,
    das ist zu wahr, um schön zu sein.
    Das gefällt mir wirklich nicht,
    doch es gruselt mir noch nicht.
    Jede Krise geht einmal vorbei,
    nein, es gruselt mir nicht ...

Jeden Tag ging August in die Stadt hinein.
Auf seinem Hals trug er Bart und Hirn und Brille.
Da traf ihn einst im Abendrot wie ein Pflasterstein
vor der Schnapsdestille laut des Volkes Wille:
(Pause)
Da verlor das Gruseln den Verstand
August – Mittelstand!

[Den Himmel hat ein Krieg besetzt]

Den Himmel hat ein Krieg besetzt
mit zehn Millionen Toten.
Da musst du anstehn, Jonny,
da musst du anstehn, Billy.
Aber keiner, mein Kleiner, kommt rein ... hoho!
Erst muss der Himmel ein Ende größer sein.

Das war ein Massenandrang, Mann,
von Grauen, Blauen, Braunen ...
Da flucht der Sammy, Jonny,
Da flucht der Tommy, Billy,
Aber keiner, mein Kleiner, kommt rein ... hoho!
Erst muss der Himmel ein Ende größer sein.

Und wer den Krieg gestiftet hat
und diese Schweinerei!
Der soll beten, Jonny!
Der soll betteln, Billy!
Aber keiner, mein Kleiner, kommt rein ... hoho!
In die Hölle, in die Hölle, schmeißt das Schwein!

Abendchoral

Man lebt sich zu Tode und lacht ...
Und hat auch mal an solchen Gott gedacht ...
Man liebt und man frisst und man flucht ...
Man hat Krach und man hat mal was gesucht ...
Doch dieses Leben gibt sich aus wie Geld!
Wohl dem, dem die Valuta hier gefällt!

Ein Mädchen ist mal jung und wird mal alt.
Die Männer lachen, weil sie sich dann bemalt ...
Sie hat keinen Zahn mehr und geht allmählich ein ...
Jung war sie mal, aber alt soll alles sein.
Denn dieses Leben gibt sich aus wie Geld!
Wohl dem, dem die Valuta hier gefällt!

Ein Mann ist als Junge oft gut.
Doch er wächst und trägt dann einen Hut ...
Er sitzt und er verdient und er hat Pläne dabei ...
Er stirbt über sich weg. Aber das ist einerlei ...
Denn dieses Leben gibt sich aus wie Geld!
Wohl dem, dem die Valuta hier gefällt!

Um Politik, Direktor, Krankenhaus und Bar,
läuft alles weiter so, wie alles war.
Ein junger Mann kommt, und ein alter Mann geht ...
Hut ab vor dem, der das nicht gut versteht.
Hört: Alles Leben gibt sich aus wie Geld!
Weh dem, dem die Valuta hier gefällt!

III. DER ILLEGALE

Von der eignen Haut

*Geschrieben in der Gestapo,
Prinz-Albrecht-Straße 8*

Ihr Menschen, die ihr euch dort oben liebt,
Durch viele Türen achtlos schwatzend geht,
Bedenkt, dass wie ihr wollt dort geht und steht,
Doch dass es hier nur Frost und Dunkel gibt.

Ihr Menschen, die ihr oben Rindfleisch esst,
Vor allen Häuten liebt die eigne Haut,
Gebt acht, dass ihr um Gott nicht tiefer schaut,
Als es erlaubt, und dass ihr uns vergesst!

Wenn ihr das Elend in der Welt beseht,
Seid froh, dass eure Haut noch unversehrt,
Und dass man euch nicht allzu häufig stört
In dieser Welt dort oben, die zum Teufel geht!

Ihr Menschen, seid so blind dort oben nicht,
Wie ihr euch stellt! Es kommt ein Jericho!
Der Sturm von Babel bläst euch weg wie Stroh!
Die Mauern sinken, dann kommt das Gericht!

Wir werden dann aus vielen Kellern steigen
Und werden zu euch treten und euch fragen.
So mancher Tote lag auf manchem Wagen,
Und er wird mit dem Finger auf euch zeigen!

Ihr Menschen, die ihr eure Haut so sehr geschätzt,
Entschuldigt, dass die allgemeine Wut
Mit euch das tut – und das tut euch nicht gut –,
Dass sie ein wenig euch die Haut verletzt ...

An die Freunde

Anrufung I

Entschuldigt meine Schrift, ihr Freunde,
dort oben, wenn ihr sie einst seht,
ich muss mit beiden Händen schreiben.
Ich hoffe, dass ihr das versteht.

Dass ich hier tief in großer Not
gefesselt lieg an meinen Händen
und warte auf den scharfen Tod,
kann das noch irgendein Mensch wenden?

Die Freunde sind den Weg gegangen,
der dem, der lebt, der letzte scheint,
es blieb zurück, wer jetzt gefangen
hier unten um die Freunde weint.

Ich sitz halbblind in diesem Keller,
und wiege heut noch hundert Pfund.
Die Fesseln an den Händen schmerzen,
ich frier seit Monden wie ein Hund.

Sehr schrecklich, Freunde, ist das Schweigen,
doch schweigen schrecklicher noch die
mit kaltem Mund dort drüben schlafen,
zerteilt in der Anatomie.

Erscheinung

Anrufung II

Ihr Freunde, die ihr mich des Nachts umgebt,
wenn ich allein an meiner Lampe sitze
in den Ruinen der Kadaverstadt,
durch die der blaue Rauch der Trauer schwebt:

Ich liebe euer Antlitz weiß von Leid,
die Augen schmerzlich groß im Tod erstarrt,
ihr stillen Hingerichteten im Dunkeln drüben,
ihr sprecht sehr leise, denn ihr seid sehr weit.

Ihr Freunde, dass ich euch nicht deutlich seh,
liegt an den Tränen, die ihr mir verzeiht.
Es klopft das Blut wie damals noch in mir,
indes ihr kalt und bleich und ausgeschüttet seid.

Die Demut lernend, seit ich leben blieb,
seh ich euch manchmal leis im Mittagslicht
vorübergehn, sehr ernst nickt ihr mir zu,
doch wenn ich frage, antwortet ihr nicht.

Ihr seid mir nah wie meine Hand am Kopf,
ihr, meine Gruppe, die ich manchmal mahnend seh,
dass ich von lauter toten Freunden rings
umgeben nicht allein in den Ruinen steh.

Leben der Illegalen

Von Wutanfällen rings umgeben,
von Elend und von Dummheit roh umstellt:
So führt durch Hass und Angst dein Leben,
einst hieß man Hölle sie, jetzt heißt sie Welt!

Von Angst umflackert und von Hass umschrien,
von Mordlust und von Bränden rot umloht,
musst du gefährlich deine Straße ziehn.
Führt sie aus dieser Hölle in den Tod?

Die Einsamkeit ist scharf und der Verdacht,
es schlägt das Herz sich blutig jeden Tag.
Bei jedem Turmuhrschlag in jeder Nacht
fragst du, wie lang die Hölle sich noch halten mag?

So führt durch Mord und Not dein Leben,
in das die leise Wache dich gestellt.
Wird es für uns nie einen Himmel geben?
Einst hieß man Hölle sie, jetzt heißt sie Welt!

Ballade vom verratenen Zimmermann

*Zur Erinnerung an den Zimmermann Rudi Burdt, der in der
Hitlerzeit von seiner Frau bei der Gestapo denunziert wurde. Er wurde
hingerichtet und sie erhielt kürzlich 15 Jahre Zuchthaus.*

Sie gab ihm den Fisch und sie zitterte nicht:
»Liebster, erzähl mir, wie es heut war.«
Der Zimmermann setzte sich müd' an den Tisch,
da küsste sie ihm das verregnete Haar.
      Sie hat ihn seinen Feinden verraten.

»Was ich erzählen will, darf ich nicht sagen,
und was ich darf, das sagt Hitler sehr laut.
Die Nacht träumte mir, er stand vor der Hecke,
ich schoss ihm drei Löcher in seine Haut.«
      Sie hat ihn seinen Feinden verraten.

»Ach Liebster, sag, warum wollt ihr ihn töten,
hat er nicht Häuser und Schiffe gebaut?«
»Weil er die Hölle nach Deutschland gebracht hat,
schoss ich ihm drei Löcher in seine Haut.«
      Sie hat ihn seinen Feinden verraten.

Sie sprach zu der Nachbarin: »Ich bin ihn satt.
Er verdient nichts, auch hat er Hitler verflucht.
Neulich fand ich bei ihm sogar dieses Flugblatt,
als er schlief, hab ich seine Taschen durchsucht.«
      Sie hat ihn seinen Feinden verraten.

Weiß blühte der Pflaumenbaum wie eine Braut,
da saßen die Feinde im sehr festen Haus.
Es waren schon viele Angeber gekommen,
doch sie sahen nach weiteren Angebern aus.
 Sie hat ihn seinen Feinden verraten.

Da klopften zwei Frauen an ihre Türe,
die Feinde schrieben so flink alles auf.
Sie lasen das Flugblatt und sagten vergnügt:
»Er kommt weg, liebe Frau, verlass dich drauf.«
 Sie hat ihn seinen Feinden verraten.

Die Gardinen wehten ängstlich im Wind,
Wo wohnt er, der keinen Hitler gewollt?
Es kamen zwei Herren um fünf in der Frühe,
sie haben den Zimmermann abgeholt.
 Sie hat ihn seinen Feinden verraten.

»Liebe Frau, leb wohl, und vergiss mich nicht.
Weißt du, warum ich zum Amt mitgehn muss?«
»Ich kann es nicht sagen«, ihr Mund war schneeweiß,
da gab sie ihm weinend den Abschiedskuss.
 Sie hat ihn seinen Feinden verraten.

Ihr Liebster kam hurtig die Stiegen hinauf.
Sie empfing ihn mit Veilchen, Küssen und Bier.
Sie schnitten das Brot, und da lachte sie laut:
»Gott sei Dank, mein Mann wohnt nicht länger mehr hier.«
    Sie hat ihn seinen Feinden verraten.

Sie setzten ihn in den Keller sehr tief.
Dann kamen wie immer dieselben zehn Mann:
Der Kommissar, der ihn schrecklich verhört,
zwei Wächter, fünf Richter, zwei Scharfrichter dann.
    Sie hat ihn seinen Feinden verraten.

Der Zimmermann wohnt jetzt zwei Meter tief,
weiß ist der Klee, eine Wiese sein Dach,
Wer nur an sich selbst denkt, dem sei nicht verziehn!
Doch wer an alle denkt, der sei wach!
    Sie hat ihn seinen Feinden verraten.

Harro und Libertas

Ein Mann tritt eilfertig in das Zimmer, ein hoher Beamter in Ostberlin. Wir begrüßen uns. Ein Amtsgehilfe trägt das Buch. Es ist ein mächtiger dicker Band, den er auf den Tisch legt. – Es ist ein sehr helles Zimmer, und draußen scheint die fröhliche Sonne Berlins.

Es wird irgendetwas von Zufall, von Aufbewahrung, von Tresor gesagt. Ich trete an den Tisch und schlage das Buch auf.

Da sind sie alle. Da sind die Fotos. Es sind die letzten Abbildungen ihrer Gesichter, und dies ist ein sogenanntes »Verbrecheralbum« der Gestapo. Es sind sehr viele Seiten, die ich umblättere. Ich staune darüber, wie viele Menschen damals in unserem Prozess verurteilt worden sind. Das Buch hört nicht auf, und die meisten dieser vielen Gesichter sind die von Hingerichteten. Ich kenne nur wenige von ihnen, und nur wenige haben überlebt. Aber ich finde die Gesichter unserer Freunde:

Das trotzige Gesicht des Bildhauers Kurt Schumacher zeigt noch Spuren der Misshandlungen. Da ist das reine Antlitz von Mildred Harnack, jener sensiblen Amerikanerin, die mit den Worten starb: »Und ich habe Deutschland so geliebt ...«

Da ist Walter Husemann, der mir durch das Zellenfenster einst zurief, ich hörte seine Stimme genau im Wind: »Hör zu, wenn du rauskommst, sag allen, ich wär' fröhlich gestorben ...«

Da ist das lächelnde Gesicht der zweiundzwanzigjährigen Eva-Maria Buch, von der der Anstaltspfarrer berichtete: »Sie starb wie eine Heilige ...«

Da ist die Studentin Ursula Goetze, die sich selbst belastete, um andere zu retten.

Da ist der lungenkranke Student Horst Heilmann, der als einzigen Wunsch äußerte, nach Harro Schulze-Boysen erschossen zu werden.

Und da ist das schmale Gesicht von Dr. Philipp Schaeffer. Ich sehe ihn noch neben mir vor dem Reichskriegsgericht sitzen. Als einer der Generale ihm vorwarf, dass er die Tätigkeit der Gruppe nicht angezeigt habe, erhob er sich mühsam mit Hilfe seiner Krücken und erklärte: »Meine Herren, ich bin gefragt worden, warum ich diese Sache nicht angezeigt habe. Dazu kann ich nur erwidern: Ich bin kein Handlanger der Polizei.« Und er setzte sich. Er trug Krücken, weil er bei der Hilfe für ein jüdisches Ehepaar, das Selbstmord begehen wollte, vom dritten Stock auf die Straße gestürzt war. Er wurde hingerichtet wie alle, die hier genannt sind.

Als ich das Amt verließ, begleiteten die Gesichter mich. Und sie werden nie von meiner Seite weichen.

Da ist Harro, ein schönes, ein nobles Gesicht. Der ganze Mann, wie er dastand, war ein Bild dessen, was sich Militärs damals von einem jungen Offizier erträumten, gut gewachsen, blauäugig, kühn, Oberleutnant der Luftwaffe, Sohn eines Kapitäns zur See, aus der Familie jenes Admiral Tirpitz.

Aber darüber hinaus das Eigene, Unverwechselbare: zunächst die Vergnügtheit, die Heiterkeit eines sicheren Menschen, dann die helle Lust an der Debatte, das Florettieren mit Argumenten, der Fechterglanz in den Augen. Dahinter wieder der suggestive Schwung eines jungen Politikers, der sah, der mitriss. Und tief innen die Leidenschaft, die bitter erarbeitete Einsicht. Welchen Weg hatte der mit dreiunddreißig Jahren Hingerichtete hinter sich, der mir zum ersten Male in einer öffentlichen Berliner Studentendebatte, die meinem ersten Roman »Barbaren« galt, damals noch als Vertreter des »Jungdeutschen Ordens« entgegengetreten war.

Kurz nach dem Reichstagsbrand verhaftet, lernte er als einer der ersten die blutigen SA-Methoden am eigenen Leibe kennen. Wieder freigelassen, begann er seine illegale Arbeit. Nach einigen Jahren wurde er Fliegeroffizier. Es sammelte sich ein Kreis um ihn, der jede Woche einmal in seiner Atelierwohnung diskutierte.

Es haben wenige Menschen so an sich gearbeitet wie Harro, der nebenbei als einer der aussichtsreichsten Offiziere des Reichsluftfahrtministeriums galt.

Wie viele tausend Treffs, wie viele geflüsterte Unterhaltungen hat er geführt, wie viele Bedenken beseitigt, ein Mann ohne Angst, der die gefährlichsten Aufträge selbst übernahm, der Bewunderung hinterließ, wenn er ging. Ein Mann wie eine Flamme.

Als nach den fünf langen Jahren der illegalen Arbeit, die sich immer mehr verstärkte, je größer die Triumphe Hitlers wurden, im Winter 1942 der Schulze-Boysen-Harnack-Prozess vor dem Reichskriegsgericht in Berlin begann, waren vierhundert Menschen verhaftet und eine der größten Widerstandsorganisationen während des Nazireichs aufgeflogen. Hitler, aufs Äußerste alarmiert, ließ sich jeden Abend Bericht erstatten, stieß Urteile um und fabrizierte das Gesetz der »Feindbegünstigung«. Von fünfundsiebzig Angeklagten wurden neunundfünfzig hingerichtet. Einige töteten sich selbst.

Harro und Harnack erweckten die Bewunderung der richtenden Generale. Sie wurden mit neun Kameraden am Tage vor Weihnachten in Plötzensee erhängt. Dann prasselten die Todesurteile, die Gestapo arbeitete fieberhaft, der Keller in der Prinz-Albrecht-Straße 8 war so überfüllt, dass die Gestapo einen Teil des Strafgefängnisses Spandau beschlagnahmte. Einen Haftbefehl erhielten die Angeklagten nach rund drei Monaten Haft, die Anklageschrift wurde durch einen Gestapobeamten jedem etwa drei Minuten lang in die Zelle gehalten. Als wir die Tür zum Verhandlungsraum durchschritten, stieß einer der überlasteten Offizialverteidiger zu uns, die häufig nicht einmal wussten, wer der zu Verteidigende war. Der ganze Prozess war in viele Einzelprozesse aufgeteilt, ein Trick, der es möglich machte, die Aussagen der Angeklagten jeweils als Zeugenaussagen zu werten, und der außerdem den Umfang des Gesamtprozesses verschleierte. Der ganze Komplex war als »Geheime Kommandosache« deklariert worden. Wer also darüber sprach, verübte »Feindbegünstigung« und riskierte sein Leben.

In seinem letzten Brief schrieb Harro Schulze-Boysen: »Ich habe den Tod längst überwunden. In Europa ist es nun einmal so üblich, dass geistig gesät wird mit Blut.«

Da ist Libertas, seine Frau, sie war schlank und jung. Sie war die Enkelin jenes Fürsten Eulenburg, der die »Rosenlieder« für Wilhelm II. gedichtet hatte und einstmals Hofmarschall des letzten Kaisers war.

Sie ritt ausgezeichnet und ich vergesse nicht, wie sie eines Tages heftig atmend und voller Lebensfreude strahlend auf mich zukam, das Pferd am Zügel. Das Gut Liebenberg war riesig, in der düsteren Halle des Schlosses standen leere Ritterrüstungen umher, und wir lachten miteinander. Drei Jahre später wurde sie in Plötzensee aufgehängt.

Sie war mit einem Mann verheiratet, den sie liebte und sie arbeitete mit ihm und schrieb illegale Texte, gefährliche Aufrufe und Botschaften. Sie wollte leben. Wir saßen im Schloss beim Tee, wir segelten zusammen auf dem Wannsee, und wir hatten viele Gespräche miteinander. Sie wollte leben. Sie wollte nicht mehr illegal arbeiten, aber sie konnte Harro nicht im Stich lassen. Sie hat fünf Jahre lang treulich für ihn gearbeitet und auf jede einzelne dieser Arbeiten stand der Tod. Nach fünf Jahren konnte sie diese Angst nicht mehr aushalten. Sie wollte leben, einfach leben. Sie wollte Liebe und Frieden. Und dann kam der Krieg. Sie arbeitete getreulich weiter, Angst im Herzen, Hoffnung und Verzweiflung im Herzen. Und dann kamen die Verhaftungen, und die Gestapo holte sie aus dem Schnellzug.

In ihrer Zelle befand sich eine fremde Frau, eine Spitzelin der Gestapo. Libertas war erregt. Sie suchte Verständnis. Sie erzählte. Sie hatte viel zu erzählen. In ihrem letzten, heimlichen Brief, den sie am Tage ihrer Hinrichtung, kurz vor Weihnachten, am 22. Dezember 1942 schrieb, berichtet sie:

»Ich hatte noch den bitteren Kelch zu trinken, dass ein Mensch, dem ich mein volles Vertrauen geschenkt hatte, Gertrud B., mich (und Dich) verraten hat, aber – ›nun iss die Früchte deiner Taten, denn wer verrät, wird selbst verraten ...‹ Auch ich habe aus Egoismus Freunde verraten, ich wollte frei werden und zu Dir kommen. Aber glaube mir, ich hätte an dieser Schuld unsagbar schwer getragen. Jetzt haben mir alle verziehen, und in einer Gemeinsamkeit, die nur angesichts des Todes möglich ist, gehen wir dem Ende entgegen ...«

Der letzte Satz des letzten Briefes von Libs, so nannten wir sie, lautete:

»Ich fand meine Vollendung, meinen eigenen Tod, mir hätte keine größere Gnade zuteilwerden können als diese. Und: Macht es mir ›Drüben‹ nicht schwer mit Tränen, freut Euch mit mir. Ich habe es gut.

Dein Kind.«

Diese junge und schöne Frau, deren kurzes Leben ein Liebesopfer gewesen ist, die das Singen und Lachen und Träumen liebte und ihr Schicksal auf Gedeih und Verderb an das ihres Mannes Harro Schulze-Boysen gebunden hatte, starb mit ihm am kurzen Seil in Plötzensee.

Das Lied der Illegalen

Ein Zettel geht von Hand zu Hand,
ein Flugblatt wandert durch das Land.
Die es erdacht, gedruckt, geklebt,
die haben unter euch gelebt.
    Wir sind die Illegalen,
    hört Gottes Mühlen mahlen!
    Wer Blut säuft, muss bezahlen!
    Wir sind die Illegalen ...

In allen Städten flüstert es,
auf tausend Treffs, da wispert es.
Uns gilt der Hass des Volksgerichts.
Wer nach uns greift, der greift ins Nichts.
    Wir sind die Illegalen,
    hört Gottes Mühlen mahlen!
    Wer Blut säuft, muss bezahlen!
    Wir sind die Illegalen ...

Wir wissen, nach uns greift der Tod,
Gestapo droht, Himmler sieht rot!
Doch so wie unsere Zuversicht,
so groß ist die von Hitler nicht!
    Wir sind die Illegalen,
    hört Gottes Mühlen mahlen!
    Wer Blut säuft, muss bezahlen!
    Wir sind die Illegalen ...

[Wer hilft dir?]

Sie werden dich warnen,
du wirst erschrecken
und eine Minute stillstehn.
Wer hilft dir?

Du kannst ihn nicht greifen,
er ist nicht belangbar,
aber überall ist der Verdacht.
Wer hilft dir?

[Bist du ein Mensch, so bist du auch verletzlich]

Bist du ein Mensch, so bist du auch verletzlich.
Ein Kätzchen ritzt dir spielend schon die Haut,
wie dünn ist aber deine Menschenhaut,
wenn ihr ein Tiger gegenübertritt.
So zart wie Schaum
ist deine Haut, indes er zwanzig Krallen hat
wie zwanzig Dolche an vier Pranken
und ein Gebiss voll Mord und voll Gebrüll!
Wie sehr verletzlich ist der Mensch und wie verloren,
wenn ihn das Untier anfällt, es ist stärker,
mit Dolch, mit Mord, mit Gas, mit dem Schafott.

Wer einzeln gegen einen Tiger seine Hand erhebt, der fällt,
lehrt die Erfahrung, doch wir wissen auch,
dass es zuweilen möglich ist,
ein Untier zu erlegen, waffenlos, in Gruben,
auf die man Fallen baut, wie es die Inder tun,
und die Erfahrung lehrt auch, dass der Mensch,
sei dessen Haut auch noch so dünn und so verletzlich,
schließt er sich dann zusammen, baut ihm Fallen,
organisiert nach Plan den Widerstand,
vom Untier ungemein gefürchtet wird,
da es nichts Stärkeres auf Erden gibt
als Gruppen, die organisiert und willens sind,
auf Tod und Leben ihren Weg zu gehn.

Hier steht der Tiger und hier steht die Gruppe.
Scharf ist sein Zahn und dünn ist unsere Haut,
wir setzen selber uns auf eine Karte,
um jenes Untier einst zu Fall zu bringen.
Vielleicht ist's Wahnsinn, wie die Braven sagen.
Doch wird man eines Tags sehr deutlich sehn,
wie dünn die Haut war, die das Leben in uns,
den Illegalen, von dem Zahn der Bestie trennte.
Schon wendet sich das furchtbare SS-Gebiss
in unsere Richtung, die Gestapo leckt ihr Maul,
dicht vor der Tür steht leise die Gefahr.
Es ging um Leben, jetzt geht's um den Tod ...

Es gab eine deutsche Widerstandsbewegung

»Es gab keine Widerstandsbewegung in Deutschland. Das ist eine Tatsache, und das müssen wir zugeben.«

Diese knappe und apodiktische Antwort gab Frau Dr. Gabriele Strecker, die Vertreterin der deutschen Frauen auf dem Weltfrauenkongress in New York in einem Interview der »New York Times« vom 15. Oktober auf folgende Frage: Ich würde gerne etwas über die Beteiligung von Frauen in der deutschen Widerstandsbewegung während des Krieges erfahren. Das würde uns brennend interessieren.

Die Antwort der deutschen Delegierten ging um die Welt und richtete überall großes Unheil an. Die Welt wusste, dass das deutsche Volk bis zur letzten Patrone für Hitler gekämpft hatte. Die Welt wusste, dass das deutsche Volk nach der Kapitulation einmütig erklärt hatte, es sei immer gegen Hitler gewesen. Das kostete uns allerhand Vertrauen in der Welt, aber der verhängnisvolle Satz, der in New York gesprochen wurde, vernichtete den Rest von Achtung, den die Gutmenschen im Auslande noch vor den deutschen Hitlergegnern hatten.

Ich bin geneigt, zu glauben, dass Frau Gabriele Strecker nicht im Bilde war, aber ihre Feststellung ist in vertikaler Verlängerung die gleiche Feststellung Hitlers, der die Existenz der Widerstandsbewegung in Deutschland stets knapp und apodiktisch abgestritten hatte. Viele Menschen in der ganzen Welt sind derselben Meinung. Ihr Urteil ist gefällt.

Wie sehen die Tatsachen aus?

Es wird schon seit längerer Zeit intensiv an der Zusammenstellung von Tatsachen und Zahlen über die deutsche Widerstandsbewegung gearbeitet, eine Arbeit, die durch die verschiedensten Umstände (Zonen, Tod, Wirrwarr, Aktenvernichtung und so weiter) sich verzögerte. Bald jedoch ist mit den ersten authentischen Veröffentlichungen über die deutsche Widerstandsbewegung zu rechnen, Veröffentlichungen, die die Welt in Erstaunen setzen werden.

Einige kurze Tatsachen mögen den Unwissenden zunächst einen Einblick geben in den wilden, verbissenen Kampf der Widerstandsorganisationen um ihr Vaterland, gegen den Verräter ihres Vaterlandes.

Nach einem Gestapo-Geheimbericht wurden im Olympiajahr 1936 in Deutschland 11687 Personen wegen illegaler Linkspropaganda verhaftet, dazu kamen 17168 Verfahren wegen Heimtücke. Das sind fast 30000 Deutsche, die der Gestapo in einem einzigen Jahr zum Opfer fielen. Da aber auf jeden Verhafteten nach unseren Erfahrungen meist einige kamen, die nicht verhaftet wurden, darf man in jenem Jahr auf 60000 bis 80000 Deutsche rechnen, die Widerstand geleistet haben, das sind sechs bis acht Divisionen, das ist eine Armee. Im Jahr 1936 wurden von der Gestapo nach einem ihrer Geheimberichte eineinhalb Millionen Flugblätter erfasst (genau 1643200). Da die von der Gestapo erfassten Flugblätter jedoch nur ein Teil der überhaupt verbreiteten sind, darf man im Jahre 1936 mit rund 3000000 Flugblättern rechnen. Es gab also im Olympiajahr mehr illegale Flugblätter als Parteimitglieder.

Im gleichen Jahr wurden an Betriebsgruppen ausgehoben: In Berlin 9, darunter eine bei Osram, eine in Schöneberg mit 130 Verhaftungen, eine in Steglitz mit 45, eine in Südost mit 116 Mann. Ferner fielen Gruppen in Görlitz (100), Hamburg (130), Liegnitz, Schwelm (64), Köln (92), Emden (102), Magdeburg, Frankfurt (10), Jena, Leipzig, Dortmund, Darmstadt, Hannover (216), in Potsdam (81 Mann Reichsbanner), in München (23) und so weiter. Fast in allen Städten fielen Gruppen aller antinazistischen Parteirichtungen der Gestapo zum Opfer. Aber jeder Erfahrene weiß, dass die Gestapo stets nur einen Teil erfasste. Es war ein ständiges Aufwachsen von Gruppen zu beobachten, und nur mühsam wurde die Gestapo mit ihnen fertig. In Berlin gab es während der zwölf Jahre Hunderte von Gruppen, so die Gruppe Sens, Behrend (60), Mahnke (170 Angeklagte), Ott, Köhn, Kowalke, Klein, Altmann, die Studentengruppe »Rote Standarte« und so weiter. In

Magdeburg gab es die »Tribüne«, in München die Studentengruppe; in allen Städten schlossen sich todesmutige Antifaschisten zusammen. Allein in Berlin wurden im Jahr 1941 nach Lageberichten der Gestapo 43 Illegale verhaftet, im Februar 32, im März 41. Sie stiegen an und erreichten im August die Zahl von 1308 Verhaftungen. Natürlich griffen die Verhaftungen mit dem sich verschärfenden Widerstand in den nächsten Kriegsjahren immer mehr um sich. Die Gestapo arbeitete immer verzweifelter, aber auch die Widerstandsorganisationen kämpften auf immer breiterer Front, immer erfolgreicher, immer entschlossener. Nach weiteren Gestapoberichten kann man wahrscheinlich mit rund 800 bis 1000 Verhaftungen Illegaler in Deutschland während jedes einzelnen Monats der Hitlerzeit rechnen.

Aus den einzelnen Gruppen gab es große Organisationen der Widerstandsbewegung, die sich über ganz Deutschland erstreckten. Hier ist vor allem die Gruppe Uhrig zu nennen, die rund 10 000 Mann umfasste und mit 74 Funktionären arbeitete, ferner der Römerkreis mit etwa 120 Hingerichteten, dann die »Europäische Union«, deren Mitglieder, hauptsächlich deutsche und ausländische Arbeiter, in die viele Tausende gingen, die 3000 Mann starke KDF-Gruppe (Kampf dem Faschismus) in Hamburg. Die »Schulze-Boysen-Harnack-Gruppe« schließlich, der rund 600 Menschen angehörten, von denen zwei Drittel an das Schafott traten, Offiziere, Künstler, Arbeiter, Ärzte, erstreckte sich von Brüssel bis Berlin. Besonders sei die mächtige Saefkow-Gruppe genannt, die einen zentralen Zusammenschluss aller nazifeindlichen Organisationen versuchte und deren Kontakte von Hamburg bis Tirol gingen. Sie war die stärkste. Ihre Mitgliederzahl ging in die Zehntausende. Sie hatte etwa 500 Hingerichtete. Es sei auch nicht die sozialistische Gruppe »Neubeginnen« vergessen, die ebenfalls über ganz Deutschland verbreitet war und deren Mitgliederzahl in die Tausende ging. Dabei sei die 20.-Juli-Gruppe nicht besonders erwähnt, da sie allgemein bekannt ist.

Diese Zahlen mögen vorläufig beweisen, dass die Äußerung von Frau Gabriele Strecker eine leichtfertige war. Aber was sie als Vertreterin der deutschen Frauen im Ausland ganz besonders bewegen müsste, das ist die ungeheure Beteiligung der deutschen Frauen an der Widerstandsbewegung und der Heldenmut, mit dem sie reihenweise in den Tod gingen. Hier sind Tausende von hingerichteten Frauen aller Parteirichtungen von Lilo Hermann bis zur Gräfin Erika von Brockdorff-Rantzau Beweise dafür, dass der Satz jener Frau Strecker unrecht ist und unrecht tat. Diese Frauen waren Arbeiterinnen, Studentinnen, Künstlerinnen, Ärztinnen. Sie waren Mütter, sie waren Geliebte und sie wurden oft gefoltert. Zwei junge Frauen, die während unseres Prozesses in der Gestapozelle Mutter wurden, kamen nach einigen Wochen auf das Schafott. Die Kinder wurden von der Gestapo weggegeben. Es gab zahllose Frauen, die sich selbst belasteten, um ihre Männer zu entlasten, Frauen, die Selbstmord begingen, um nichts Belastendes gegen andere aussagen zu müssen, Tausende von Frauen, die mit blassem, leuchtendem Gesicht ihren Weg in die Finsternis gingen, um ihr Vaterland zu retten. Es gab herzbewegende Konflikte, Heldentaten, Liebesbeweise, kameradschaftliche Opfer bis in den Tod hinein. Nie war der Mensch größer, als in den deutschen Kellern jener Welt, in der der Mensch am kleinsten war.

Die Widerstandsbewegung war eine verheimlichte Armee gegen Hitler, die von 1933 bis zur Kapitulation täglich viele Tote hatte und deren erlittene Haftjahre eine astronomische Zahl ergeben würden. Ich weiß nicht, ob Frau Strecke jemals eine Woche hinter Gittern verbracht hat. Dort hätte sie jedenfalls zahlreiche Mitglieder der Widerstandsbewegung kennengelernt. Nicht umsonst hatte Hitler 88 Konzentrationslager mit Millionen von oppositionellen Menschen, nicht umsonst waren alle Gefängnisse und Zuchthäuser überfüllt mit politischen Gefangenen. Wenn die deutsche Widerstandsbewegung nicht gewesen wäre und die Macht Hitlers nicht ständig empfindlich gestört hätte, so wäre der Krieg, der sowieso verloren war, beträchtlich später zu Ende gegangen. Und das hätte uns Deutschen und allen Kriegsführenden weitere Hunderttausende von Toten gekostet.

Der Vergleich mit den Widerstandsbewegungen in Frankreich, Norwegen, Jugoslawien und anderen Ländern ergibt folgende Tatsachen:

In jedem der genannten Länder hatte die Gestapo nur einige Jahre Zeit, in Deutschland hatte sie zwölf Jahre Zeit. In jedem der genannten Länder stand die Gestapo völlig neuen Akten, Menschen, Methoden und Sprachen gegenüber, in Deutschland kannte sie alle diese Dinge genau. In jedem der genannten Länder hatten die Widerstandsgruppen ständigen Kontakt mit dem Ausland, in Deutschland war eine Gruppe ganz auf sich allein gestellt. Ihre Situation war isoliert, war fast aussichtslos.

Die deutsche Widerstandsbewegung wird in der Geschichte der Freiheitskämpfe der Welt eine besondere Rolle spielen, da noch niemals die Waffen so ungleich verteilt, noch niemals in der Welt das Todesrisiko, der Sterbekoeffizient so entsetzlich waren. Die Energie, die Unerschrockenheit, die Geschicklichkeit, das Genie und die reine Weltliebe der deutschen Widerstandskämpfer ist der Bewunderung der Welt wert. Das Ansehen unseres Vaterlandes in der Welt wird sich danach richten, was die Welt über den Kampf der Deutschen gegen die Nazidiktatur erfährt.

Darum denke ich, es ist Zeit, endlich einmal der deutschen Widerstandsbewegung Gerechtigkeit widerfahren zu lassen. Ich ergreife hierzu das Wort nur unfreiwillig, da sich sonst niemand rührt. Ich nehme an, dass die Überlebenden zu überlastet sind. Ich persönlich habe nicht die Absicht, als ein Held der Widerstandsbewegung in die deutsche Geschichte einzugehen, ich war nur ein kleines Rad im Getriebe, aber ich bin Zeuge. Und ich spreche hier im Namen zahlreicher Kameraden, die tot sind und deren Taten nicht vergessen werden dürfen. Sie sind das heimliche, das bessere Deutschland gewesen. Sie kämpften bis zum Tode gegen den Hochverrat, gegen den Menschenverrat der Nazis.

Hitlers Politik, die politischen Massenprozesse in Einzelprozesse aufzuteilen und die Prozesse gegen Widerstandsgruppen auf das Brutalste zu verheimlichen, hatte großen Erfolg, so dass bei vielen Verurteilten nicht einmal die Angehörigen etwas über die betreffenden Gruppen erfuhren. Mein eigener Vater fragte mich, nachdem ich drei Jahre hinter Gittern gelebt hatte, bei unserem Wiedersehen: »Warum haben sie dich eigentlich verhaftet?« Ein Brief der Familie eines hingerichteten Arztes fragt bei mir an, wann, wo und weshalb dieser Familienvater getötet worden sei. Viele Prozesse liefen unter »Geheim«. Wer darüber sprach, verfiel der Anklage »der Feindbegünstigung«, die automatisch die Todesstrafe zur Folge hatte. Auf diese Art erreichte die Schreckensjustiz, dass die Prozesse tatsächlich geheim blieben, dass die Familien, dass das eigene Volk und dass die ganze Welt sogar noch heute in absoluter Unkenntnis darüber sind, dass es eine mächtige Widerstandsbewegung gab.

Auf das Entschiedenste ist darum im Namen unseres neuen Deutschlands, im Namen der deutschen Widerstandsgruppen und im Namen von Zehntausenden von Kameraden und Kameradinnen, die fielen, eine derart leichtfertige Äußerung, wie die von Frau Gabriele Strecker gemachte, zurückzuweisen.

Noch liegt der Hitlernebel über der Widerstandsbewegung, aber er weicht bereits. Unsere Suchkolonnen haben in sich das fahle Gebiet der verschwiegensten aller Fronten, der deutschen Schafottfront, begeben. Und ihre Berichte stimmen überein: Es gab eine deutsche Widerstandsbewegung, und sie war stark.

Die Gruppe

Entwurf für einen Roman

Dieser Roman zeigt den Historiker Werner Buch, der seine frühere Freundin Ruth besucht. Er will von ihr über die »Gruppe« erfahren. Die Gestapo nannte sie damals »rote Kapelle«. Es handelte sich meist um junge Menschen: Studenten, Ärzte, Sekretärinnen, Schriftsteller, Künstler, Arbeiter, Offiziere, Ingenieure, die die Nazi-Diktatur bekämpften und den Krieg beenden wollten.

In nächtlichen Gesprächen darüber wird die frühere Liebe zwischen Werner und Ruth wieder lebendig. Andererseits erfährt er von Ruth, dass eine lang gesuchte Gestapoagentin als elegante Dame lebt. Die Liebe zu Ruth, die Jagd nach der Gestapoagentin verändern die historischen Studien von Werner Buch über die »Gruppe«. Wie war das damals?

Mitten im Krieg geht abends in Berlin der junge Ingenieur Walter Lothar von der Arbeit nach Hause. Kurz bevor er seine Wohnung erreicht, fällt ihm etwas auf. Ein Arbeitszelt der Reichspost ist auf der Straße aufgeschlagen. Einige Postuniformierte arbeiten darin. Der letzte Bombenangriff hat wahrscheinlich Telefonleitungen zerstört.

Als Walter Lothar vorübergeht, hört er einen der Postbeamten sagen: »Jawohl, Herr Leutnant ...« Herr Leutnant? Nachdenklich bleibt er stehen und zündet sich eine Zigarette an, da hört er das Pfeifen eines Peilgerätes. Ein Peilgerät im Arbeitszelt? Er kennt Peilgeräte, er ist Funktechniker. Durch Peilgeräte spüren die Nazi-Dienststellen illegale Geheimsender auf. Sie suchen einen Geheimsender.

Der Geheimsender muss in einem der nächsten Häuser arbeiten, ganz nah, genauer gesagt, in der Wohnung von Walter Lothar, und er selbst ist es, der gesucht wird, weil er den Geheimsender betreibt.

Er fährt sofort mit der U-Bahn zum Chef, obwohl er keinerlei Kontakte mit ihm aufnehmen darf. Erregt berichtet er dem Chef, einem jungen Mann in Zivil, der gern lacht und sofort Funkstille anordnet. Alarm.

Inzwischen stehen in Berlin verschiedene Postzelte mit verkleideten Soldaten und warten umsonst auf den Geheimsender. Auch die Gestapo wartet auf den Einsatz. Kommissar Adolf Brecher flucht. Die Aktion ist missglückt. Fehlschlag.

Der Chef hat allgemeine Funkstille angeordnet. Einige Leute begeben sich unauffällig auf die Reise. Die Funkgeräte werden verlegt. Kurz danach gehen die Geheimsendungen von Brüssel aus weiter. Man kann sie anpeilen und aufnehmen, aber man versteht sie nicht, niemand kann sie entziffern. Man weiß nur, dass es ein Buchschlüssel sein muss. Aber welches Buch? Man sucht es vergeblich. Auch das wird ein Fehlschlag.

Der Chef, Oberleutnant im Luftfahrtministerium Harro Schulze-Boysen ist der hochbegabte Sohn eines Kapitäns zur See und Enkel des früheren Großadmirals Tirpitz. Er hat die junge und schöne Libertas geheiratet, eine Enkelin des Fürsten Eulenburg, die wie der Teufel reitet, Gedichte schreibt und mit Harro und einigen Freunden ihr Wochenende oft in Zelten am See, tief in den Wäldern des Eulenburgschen Gutes verbringt. Hier besprechen sie die politische Lage und diskutieren nächtelang am Feuer. Wo junge Menschen in der Natur sind, gibt es Sympathien, Kameradschaft und Liebe.

Der junge Werner Buch ist ein Mitglied der Gruppe. Er lernt Ruth kennen und lieben. Er wirbt sie für die Gruppe. Sie besteht die Prüfungen. Sie ist eine verwegene Mitarbeiterin, die Schriften vervielfältigt und nachts verteilt. Walter Lothar liebt sie seit Jahren. Es kommt zu heftigen Aussprachen zwischen den beiden jungen Männern, aber sie arbeiten trotzdem nachts zusammen.

Werner Lothar hat mit seiner Freundin in einer Garage eine neue Technik entwickelt. Spät abends trägt er einen Luftschutzkoffer über den Kurfürstendamm. Ab und zu setzt er ihn ermüdet ab. Am nächsten Morgen, als es hell wird, liest man überall dort, wo der Koffer abgesetzt wurde, auf dem Pflaster mit weißer Lackfarbe: »Nieder der Krieg!«

In Brüssel rücken die Peilgeräte immer näher. Der Geheimsender kommt aus einer entlegenen Villa. Als die Gestapo einbricht, ist das Zimmer leer, nur im Kamin findet man brennende Papiere. Aber der Sender arbeitet an verschiedenen Orten weiter. Und die Gestapo versteht kein Wort. Das macht den SS-Kommissar Brecher immer wütender.

Vor dem Berliner Schloss findet eine Nazi-Ausstellung statt, die die Bevölkerung in Hass vor den vordringenden Russen versetzen soll. Nachts werden überall rund um die Ausstellung Plakate sichtbar: »Nieder der Krieg!« Es war die »Gruppe«, die sie nachts geklebt hat, gedeckt von bewaffneten Offizieren.

Die alte Hauswirtin in Brüssel wird wochenlang verhört, welche Bücher ihre Mieter gelesen hätten. Ja, ein bestimmtes Buch hätte oft auf dem Tisch gelegen. Welches Buch? Der Titel?! Etwas mit einem Professor und einem Mirakel ... Fachleute werden beauftragt, den Titel zu finden. Es ist »Le Miracle du Professeur Teramont«. Die Jagd nach dem Buch beginnt, aber es ist verschollen. Schließlich findet man es zufällig in einem Antiquariat. Ja, es ist das Schlüsselbuch. Nach Monaten Arbeit können die Meldungen des Geheimsenders endlich entschlüsselt werden: Meldungen über Ölproduktion im Reich, Flugzeugzahlen, Mängel, Pläne, Meldungen, die alle vier Alliierten erreichen.

Es dauert nicht lange und in Berlin brennt die Nazi-Ausstellung nachts nieder. Aber diesmal war es eine andere, eine rein jüdische Gruppe. Niemand von diesen mutigen jungen Menschen war älter als 30 Jahre. Vierzehn von ihnen wurden sofort hingerichtet, darunter sechs Mädchen.

Bei einer Diskussion im Keller wird über die Gefahr gesprochen. Der Chef erklärt, dass sogar in entscheidenden Ämtern Mitarbeiter der »Gruppe« säßen, so dass er ständig informiert sei, z.B. in der amtlichen Abhörstelle ist ein Student tätig.

Nach langen mühsamen Monaten erfährt die Abhörstelle einige Namen, die man den Geheimsendungen entnommen hat. Man hat sie entziffern können. Erstaunliche Namen. Kommissar Brecher hält es zunächst für unwahrscheinlich, dass angesehene und erfolgreiche Persönlichkeiten mit den Geheimsendern zu tun haben. Natürlich überwacht die Gestapo sie, aber ohne Erfolg. Man beginnt zu zweifeln.

Auf dem Wannsee findet abends eine Zusammenkunft der »Gruppe« statt. Verschiedene Segelboote treffen sich zufällig mitten auf dem See. Fast alle Mitglieder sind dabei, junge Frauen und der Chef. Man lacht und scherzt ausgelassen. Laternen leuchten. Musik. Auf einem der Boote ist der Geheimsender.

An diesem Tag hat der Student nachmittags beim Chef angerufen und abgesagt, da er dienstlich verhindert sei, bittet aber um einen Anruf. Am nächsten Tag ruft Harro ihn an. Zufällig ist der Amtsvorsitzende der Abhörstelle, ein Oberst, selbst am Apparat. Er erschrickt maßlos, als der Mann, der verdächtig ist und beobachtet wird, anruft. Einer seiner Leute muss also mit Schulze-Boysen direkten Kontakt haben.

Er informiert die Gestapo. Kommissar Brecher schlägt zu ... endlich! Schulze-Boysen wird am selben Tag – 31. August 1942 – im Ministerium verhaftet. Ihm folgen der Student und 146 Männer und Frauen. Die Gestapo ist auf Hochtouren.

SS, SSD, ein Riesenapparat setzt sich in Bewegung. Dann wird gegen 86 Anklage erhoben. Die Gestapo stellte eine Hochverratsgruppe fest. (Sie betraf Menschen, die im Reich fünf Jahre lang, von 1937–1942 gegen das Hitler-Regime gekämpft hatten, und jüdischen Familien die Flucht ins Ausland ermöglichten). Außerdem stellte sie eine Landesverratsgruppe fest (die seit 1941 Geheimsender betrieben und im Krieg das Ausland informiert hatte).

Die Vernehmungen sind brutal. Als Walter Lothar keine Namen nennt, gibt ihm der Kommissar Brecher eine Minute Zeit. Walter schlägt eine Fensterscheibe ein, packt den Kommissar und will sich mit ihm aus dem Fenster stürzen. Angstschreie des Kommissars. Wachen kommen.

Ein anderer Gefangener schlitzt seine Pulsadern auf, ein dritter zertritt seine Brille und verschluckt sie. Folterungen, Reichskriegsgericht, 55 Hinrichtungen, darunter viele junge Frauen, auch die Amerikanerin Mildred Harnack. Ihr Mann, Dr. Arvid Harnack, war Oberregierungsrat im Reichswirtschaftsministerium. Außerdem Selbstmorde und 31 ins KZ und Zuchthaus.

Kommissar Brecher diktiert das Protokoll. Daraus wird klar: Die »Gruppe« zeichnete sich dadurch aus, dass Menschen, denen es sehr gut ging und die glänzende Berufschancen hatten, mit letzter Entschlossenheit für den Frieden kämpften, um den Sieg Hitlers zu verhindern. Die »Rote Kapelle« stellte Kontakte mit den ausländischen Zwangsarbeitern her, veröffentlichte Zeitschriften in 6 Sprachen, verschickte Flugblätter und betrieb Geheimsender.

Als Hitler den Gestapobericht las, tobte er vor Wut, befahl mehr Todesurteile und Erhängungen am kurzen Seil. Die »Rote Kapelle« (und viele andere deutsche Widerstandsgruppen) wurde ausgelöscht. Heute leben nur noch sehr wenige davon, darunter der Erzähler.

In nächtlichen Gesprächen zwischen Werner und Ruth werden die psychischen Beziehungen der damaligen Menschen deutlich. Angst, Mut, Nervenspannung, Erotik und Liebe, die damals für junge Menschen das einzige Gegengewicht waren. Wer jede Nacht daran denkt, dass der Tod als Kommissar in sein Zimmer einbrechen kann, sieht Erotik anders. Werner und Ruth sprechen auch darüber, ob das Hochverrat, Landesverrat, Sabotage oder Spionage sei. Stimmen diese alten Begriffe noch, seit die Kriege sich derart verändert haben? Damals sah man die Welt anders. Wer entscheidet über Recht und Unrecht? Nur das Gewissen? Nur das Gewissen!

Hat nicht die Regierung Hitlers Hoch- und Landesverrat begangen? Musste ein Mensch nicht äußersten Widerstand leisten? Der Todfeind der Deutschen, waren es nicht Deutsche?

Ein junges Mädchen erfährt in Gestapoverhör, dass ihr Freund auch eine neue Beziehung zu einer anderen Angeklagten hat. Sie selbst war von ihrem Freund geschickt verteidigt worden und keineswegs mehr gefährdet. Eine Nacht lang liegt sie schlaflos in ihrer Zelle, dann belastet sie sich schwer und wird mit ihrem Freund zusammen hingerichtet.

In die Zelle einer anderen jungen Angeklagten wird eine weinende Gefangene grob hineingestoßen, ihre Tasche fliegt hinterher. Die Gefangene ist verzweifelt, der Tod ist ihr sicher, berichtet sie. Die Gefangene hat eine Flasche Alkohol hereingeschmuggelt. Sie trinken beide, sie weinen, sie erzählen. Auch die junge Angeklagte erzählt, und sie erzählt alles von der »Gruppe«, was sie weiß. Am nächsten Morgen stellt sie beim Gestapokommissar fest, dass die Gefangene mit der Flasche Alkohol eine Spitzelin war. Ihr Name ist Gertrud Weiß. Die Angeklagte ist verloren und wird später hingerichtet.

Und dann erfährt Werner Buch von seiner Freundin Ruth, dass die Spitzelin noch lebt. Er fährt auf. Er reist ihr nach, beobachtet sie, spricht mit ihr in einer Szene, in der er alles andeutet. Oh, es geht ihr gut. Sie hat geheiratet. Sie hat offizielle Naziformulare, Briefbogen und Stempel gerettet. Mit diesen Formularen verdient sie heute viel Geld. Gegen unbeliebte Personen kann sie auf Wunsch belastende Dokumente ausstellen, Renten zerstören, frühere SS-Leute entlasten, kann mit solchen Urkunden Erpressungen betreiben und viel Geld verdienen. Die frühere Gestapoagentin ist heute eine elegante Dame, die die Wirkungen der Nach-Nazi-Zeit bis auf den heutigen Tag ausnutzt. Der Mann, den sie kennen gelernt hat, Werner Buch, gefällt ihr. Und Werner erfährt alles, fast alles, bis er ihr sagt, wer er sei: ihr Feind! Sie lacht und beschimpft ihn. Ob er sie etwa anklagen wolle, verfolgen oder töten?

Die Ballade von der »Gruppe« zeigt die damalige und die heutige Zeit. Der Kampf von Werner Buch, den früheren Widerstandskämpfer gegen die Erpresserin, die sich rücksichtslos mit allen Mitteln verteidigt, ist heute auszutragen, bis sie doch fällt.

Der Roman zeigt also drei Linien. Die Rahmenhandlung mit Werner Buch, seiner Freundin Ruth und der gesuchten Gestapoagentin zieht sich häufig eingeschnitten bis zum Schluss durch den Text. Die zweite Linie behandelt die jungen Menschen der »Gruppe«, ihre Liebe, ihre

Angst, ihre Freude am Leben und ihre Aktionen. Die dritte Linie zeigt die vielen Einzelheiten der immer wieder vergeblichen Gestapojagd, bis zuletzt doch die »Gruppe« fällt und Prozess und Todesurteile folgen.

Junge Menschen gaben ihr Leben für Taten, die sie damals für richtig hielten. Wie würden sie heute denken? Man weiß es nicht, aber man weiß, dass sie saubere Gesichter hatten und Mut.

Der Roman wird rund 350 Seiten umfassen.

Siebenundsiebzig Männer

Es haben einst vier Männer dich verhaftet,
fünf Männer haben dich des Nachts befragt
und sieben Mann nannten sich Reichskriegsgericht,
zwei Mann SS, die haben dich bewacht.

Dann kamen die von Moabit und Spandau,
im Zuchthaus endlich war es auch ein Schock:
deutsche Männer, blond und laut und emsig,
siebenundsiebzig Mann im Nazirock.

Siebenundsiebzig haben dich gefesselt und verurteilt,
und bewacht in den blutunterlaufenen Jahren,
dich beschimpft und transportiert und angetrieben.
Und schrien sie: Pflicht – du hast den Schlag erfahren.

Im deutschen Strafvollzug warst du nicht ganz alleine,
Millionen waren wir in Z, KZ und Block!
Für jeden, der beschimpft, bewacht und hingerichtet,
gab's siebenundsiebzig Mann im Nazirock!

Also sinds siebenundsiebzig nicht, nicht tausend,
es mögen siebenmalhunderttausend sein!
Und jeder einzelne von ihnen war ein Deutscher,
dazu ein Wolf, Schakal, ein Geier oder Schwein.

Sie schrien: Pflicht, doch, denk ich, gibt's zwei Pflichten
auf dieser Welt: die Pflicht der Menschlichkeit,
dann die des Staates! Sie kannten nur die zweite,
die siebenundsiebzig Mann im Nazikleid!

Wir wenigen, die noch atmen, sprechen heute
von Zahn um Zahn im Dienst der Toten nicht.
Bestraft sie, basta, und vergesst nicht, Freunde,
die Menschlichkeit sitzt mit uns zu Gericht.

Doch sollte jetzt noch unter ihnen einer aufstehn,
und krähn, das mit der Schuld ging ihm zu weit:
stoßt ihm die Faust ins Maul, denn er ist einer
von siebenundsiebzig Mann im Nazikleid!

Mit Brecht im Gestapo-Keller

Es war sehr leicht, durch eine Lücke im Zaun in den Hof zu gelangen. Früher hatte vor dem Portal ein Doppelposten versteinerter SS-Männer gestanden. Ich war jedoch nie durch das Portal Prinz-Albrecht-Straße gegangen. Ich wurde damals in den Hof gefahren und in den Keller gebracht, wo die Zellen lagen. Warf einer die Tür von außen ins Schloss, drückte die Luft in die Ohren. Es war das Hauptquartier der Gestapo.

Jetzt war es stark verfallen. In der Ruine hing der Fußboden des ersten Stocks wie ein Zelt gebogen abwärts. Es war totenstill. Brecht und ich bogen zuerst in den kleinen Hof ein, in dem damals die sogenannten »Spaziergänge« stattgefunden hatten: sechs Mann, zwanzig Minuten lang, Schweigen. Dann gingen wir in den Warteraum, in dem einst die braunen kirchenstuhlartigen Bänke gestanden hatten, deren Seitenwände ein heimliches Gespräch mit dem Nachbarn erschweren sollten. Ich erklärte ihm das alles. Ich drehte mich um und werde nicht den Ausdruck in Brechts Gesicht vergessen, jenes fast wissenschaftliche Interesse, das mit unterdrücktem Zorn vermischt war. Wir schritten den Gang entlang und musterten die Zellen. Sie waren leer. Geröll lag auf dem Boden, Scherben, militärische Relikte, Gasmaskenbehälter, leere Zigarettenschachteln, gelegentlich ein Foto, ein schmieriges Flugblatt. – Wir betraten meine frühere Zelle, hier hatte ich Monate verbracht. Sie war sehr dunkel.

»War sie immer so dunkel?«

»Ja.«

»War es kalt?«

»Ja, aber nicht so kalt wie in Spandau.«

Die Tür war verschwunden, verheizt. Ich sah Brecht in der Dunkelheit kaum, er stand wie ein Schatten reglos in meiner alten Zelle, die verfallen war. Wir standen lange Zeit reglos. Sie maß in der Breite von der linken Handspitze bis zum rechten Ellenbogen in der Länge fünf Schritt. Wie viele Gefangene hatten nach mir noch hier gelitten? Ich ging meinen alten Weg, fünf Schritte langsam hin und zurück. Der Schutt auf dem Steinboden knirschte unter meinen Schuhen. Als ich stehenblieb, war es totenstill. Ich hatte wieder das Tresorgefühl. Mir kam der Besuch Brechts in meiner Zelle wie ein kalifornischer Traum vor. Ich dachte an die Zeit damals, als ich hier frierend, fast im Dunkeln, auf dem Schemel saß und wartete. Ich wusste damals, Brecht lebte in Kalifornien. Da gab es blaue Brandung, Sonne, Hollywood und keine Gestapo.

»Die Dunkelheit muss unerträglich gewesen sein«, stellte er sachlich fest.

»Ja.«

»Wir haben uns das nicht so vorgestellt – damals –«

»Wie?«

»Nicht so korrekt.«

»Willkür kann korrekt sein.«

»Arbeit?«

»Keine Arbeit.«

»Gab's genug zu essen?«

»Ja.«

»Wurde gefoltert?«

»Ja, oben in den Vernehmungsräumen, unter dem Dach.«

»Und gab's Bewegung? Ich meine Gehen?«

»Ja, jeden Tag zwanzig Minuten. Spaziergang auf dem Hof. Und dann lief man natürlich den ganzen Tag in der Zelle auf und ab.«

Auch er ging meinen alten Weg, fünf Schritte vor und zurück. Er blieb stehen. Ich hatte damals lange Zeit nicht geglaubt, dass ich das überleben würde. Viele hatten hier ihren Lebensabend verbracht, todesmutige Nachbarn und bleiche Freunde. Das Volksgericht, dessen blutiger Ankläger Lautz heute eine hohe Staatsrente erhält, mähte sie hin. In diesem Keller hatten sie geschwiegen und gelitten. Und drüben stand Brecht wie aus Stein.

»Ungeheuerlich!«, murmelte er.

Wir sprachen kein Wort, als wir weitergingen. Durch das verfallene Wachzimmer der SS, durch den Hof, durch die leere, graue Prinz-Albrecht-Straße. Ein Jeep mit amerikanischer Militärpolizei rollte uns langsam entgegen, als handle es sich unter den Stahlhelmen um Gummi kauende Zeugen einer klassischen Tragödie. Sie fuhren sonderbar starr sitzend vorüber.

Tiefrot stand die Novembersonne über Berlin und bemühte sich ein wenig, die Ruinen zu schminken, aber auch sie versagte bald. Die Furchtbarkeit ließ sich nicht verbergen.

Gewissen gegen Paragraphen

Ein Leserbrief an den STERN

Sehr geehrter Herr Nannen!

Die Mitglieder der deutschen Widerstandsbewegung sind es bereits gewohnt, dass sie in sensationell aufgemachten Artikelserien geschmäht werden, dass eine Gruppe nach der anderen diffamiert wird, damit man anschließend die gesamte Widerstandsbewegung verurteilen kann.

I.

Es ist Brauch geworden, Gestapoakten als Unterlage für derartige Artikelserien zu benutzen, und das ist ein schmutziger Brauch. Heute sollte jedermann wissen, wie Gestapoverhöre ausgesehen haben, dass Aussagen erpresst und erprügelt wurden, dass die Verhafteten völlig wehrlos waren. Wer dieses Material als authentisch ansieht und benutzt, ergreift die Partei der Gestapo, falls er nicht die Partei der Opfer zu Wort kommen lässt. Selbstverständlich wurde in jenen Protokollen nicht immer die Wahrheit gesagt, abgesprochene Aussagen wurden protokolliert, selbstverständlich wurden Tatbestände verwirrt, selbstverständlich wollten die Kommissare ihrerseits belastende Dinge hören und entstellten ihrerseits, und ebenso selbstverständlich bietet der Abschlussbericht der Gestapo ein verzerrtes Tableau der Dinge, den das einseitige und billig romanhaft geschriebene Buch eines Abwehrmannes entsprechend ergänzt, so dass die Öffentlichkeit, deren Orientierung meist auf diese beiden Quellen zurückgeht, höchst unvollkommen unterrichtet wird. Ich persönlich bezweifle die geschilderten Vorgänge. Solange nicht die Hingerichteten ihre Aussagen richtigstellen konnten, nicht erklären und begründen konnten, solange nicht auch das Material der Überlebenden in der deutschen Presse benutzt wird – und das ist bisher höchst selten, z. B. von Ihnen, wie ich anerkennen muss, geschehen –, so lange bleiben solche Enthüllungen einseitig, also gefährlich. Kein ehrliebender Mensch darf das Gestapomaterial als authentisch ansehen. Über diese Flut von sensationell aufgemachten Artikelserien schütteln Millionen anständiger Deutscher den Kopf. Selbst wenn der Blutrichter Freisler heute käme und seine Akten anböte, so würde sich vermutlich ein Mensch finden und sie unter dem Titel: » Freisler ließ Köpfe rollen« abdrucken. Man sehe sich die Kioske an.

2.

Zur Frage des Landesverrats darf vielleicht einer, der nach Ihrem Vorwort Anspruch auf Achtung haben darf, da er damals nur wegen »Hochverrats« angeklagt wurde, einiges sagen:

Es gab immer Naturen, deren Motiv die Geldgier war und die um des persönlichen Vorteils willen Verrat trieben. Deren Verhalten zu verteidigen, lehne ich ab.

Es gab jedoch während des Hitlerregimes Überzeugungstäter, die in jener Zeit der Rechtlosigkeit zum Äußersten sich gedrängt sahen, sei es zum Attentat oder zur Verbindung mit dem Gegner in Ost und West. Dabei ist genau zu berücksichtigen, dass in Deutschland bis 1945 über unsere damaligen Gegner andere Vorstellungen bestanden als heute. Das Bestreben dieser des Landesverrats Angeklagten war, dem täglichen Menschenopfer ein Ende zu machen, da sie auf Grund ihrer Einsicht wussten, dass der Krieg auf jeden Fall verloren war. Sie waren nicht ängstlich und feige genug, um stillzuhalten, wenn an den Fronten immer wieder sinnlos Hunderttausende in die MG-Garben des Feindes kommandiert wurden und unschuldiges Blut in Strömen floss. Sie wollten Menschenleben retten. Schulze-Boysen sagte einmal, so viele Deutsche müssten Hoch- und Landesverrat treiben, dass der aussichtslose

Krieg Hitlers schon nach einem halben Jahr durch einen Aufstand beendet werde, dann würden Millionen Menschenleben gerettet werden. Man kann darüber verschiedener Meinung sein. Er jedenfalls handelte danach und starb dafür. Allerdings stand er auf dem Standpunkt, dass ein deutsches Menschenleben nicht mehr wert sei als ein amerikanisches oder russisches. Wäre die Widerstandsbewegung stark gewesen, so hätte der Gegner mit ihr verhandeln können, und die Besetzung von Deutschland wäre uns möglicherweise erspart geblieben. Wenn die Widerstandsbewegung nicht gewesen wäre, so hätte der verlorene Krieg wahrscheinlich länger gedauert, und die Atombomben wären auf Deutschland gefallen. Das alles sind tragische Überlegungen, die jeder nach seinem Gewissen entscheiden muss.

Wohin sind wir gekommen mit Hass, Hetze und Verdächtigung, dass nicht einmal mehr saubere Motive geglaubt werden? Ich kann bezeugen, dass Schulze-Boysen und seine Freunde (außer Scheliha) aus edlen Motiven heraus gehandelt haben, dass sie ihr Leben freiwillig geopfert haben und dass die meisten eine heroische Haltung in der Gestapo bewiesen. Der Hitlerstaat hatte das Recht, sie unschädlich zu machen, hart und kalt, denn sie waren seine Feinde. Aber es hatte niemand das Recht, den Fall in dieser infamen Art zu justifizieren und niemand hat das Recht, sie heute hinterher zu beschimpfen.

Allein der Name »Rote Kapelle«, den die Abwehr erfand, ist bereits eine Kränkung für ein äußerst lockeres Netz von Gruppen verschiedenster Art. Diese Gruppen kämpften etwa fünf bittere Jahre lang illegal gegen die Diktatur Hitlers, bis 1941 ein Teil der Mitglieder mit dem Ausland Kontakt aufnahm, ohne dass der größere Teil der anderen davon ahnte. Es ist eine Unwahrheit, wenn behauptet wird, alle diese Menschen seien Kommunisten gewesen. Es gab eine Reihe nichtkommunistischer Personen darunter, besonders unter den jungen Menschen. Allerdings sehen sie es nicht als eine Schande an, mit Kommunisten zusammenzuarbeiten.

Mit plump-gerissener Gestapodiktion wurden alle diese politisch sehr verschiedenartig zu wertenden Menschen unter dem Namen »Rote Kapelle« zusammengepresst, und heute hausieren gewisse

Kreaturen mit diesem Monster-Begriff, um in unserem Volk eine üble Mixtur von Ressentiments, Hexenjagd, Rotkoller, nationalistischen Instinkten und Abscheu gegen den Widerstand überhaupt aufzubrühen. Man schob den Fall Scheliha, der nur zufällig mit der Schulze-Boysen-Gruppe zu tun hatte, zwecks Diffamierung hinein, weil hier bezahlte Spionage vorlag.

Jedem unbedrohten Kegelklub gesteht man das Recht auf eine Kasse zu, aber die Gruppe Schulze-Boysens, die auszog, um illegal den schrecklichsten Giganten Europas zu bekämpfen, musste das anscheinend mit bloßen Händen und ohne einen Pfennig tun, weil es sonst gegen die Ehrauffassung gewisser Leute ging. Niemand in der Gruppe hat sich bereichert oder überhaupt an Geld für sich gedacht. In der Zeit der absoluten Rechtlosigkeit war »der Feind« Hitler, und »wer mit ihm konspirierte«, war ein Verräter am Leben unseres deutschen Volkes. Mit ihm konspirierte die Regierung, die Gestapo und … unser Ankläger, der ehemalige Generalrichter Roeder, der sein Teil dazu beitrug, dass immer wieder Soldaten geopfert wurden, dass unsere Städte zerstört wurden, ein wahrer Handlanger Hitlers.

3.

Wer ist dieser Roeder, der ehemaliges Prozessmaterial, von dem er damals dienstlich Kenntnis nahm, heute Zeitschriften zur Verfügung stellt und Vorträge über die »Rote Kapelle« bei der SRP hält, bei denen 2,- DM Eintritt zu bezahlen sind? Ist das der Brauch eines deutschen Richters? Nein. Roeder war 1932 noch simpler Assessor in Moabit, machte sich jedoch in der Zeit der Rechtlosigkeit so verdient, dass er beim Zusammenbruch seiner und seines Führers Hoffnungen 1945 Generalrichter mit hohem Gehalt war. Heute ist er wohlbestallter Gutsbesitzer in Neetze bei Lüneburg. Er führte in der Nazizeit ein schönes Leben und führt es heute, und ich halte es für wahrscheinlich, dass er eine hohe Rente erhalten wird oder bereits erhält. Er war der hochbezahlte Ankläger in unserem Prozess und half einen ganzen Friedhof mit Toten zu füllen. Er hatte seine Finger in der Udet-Affäre. Er war der Totenvogel der militärischen Aufstandsbewegung, wie der Fall Dohnany und der Fall Dr. Josef Müllers, des unerschrockenen Widerstandskämpfers, beweist. Wie urteilen Unbeteiligte über ihn? Der Bibliotheksrat Axel von Harnack schreibt über Roeder: »Nie wieder habe ich von einem Mann so ausgesprochen den Eindruck der Brutalität empfangen.« Ein ehemaliger Offizialverteidiger in unserem Prozess schreibt über Roeder: »Man brauchte auch nur eine größere Anklagevertretung durch ihn erlebt haben, um zu wissen, dass er ein Blutrichter war ... maßloser beruflicher Ehrgeiz und angeborener Sadismus.« Man muss seine Kollegen, seine Sekretärin hören, um zu wissen, hier steht der echte brutale Nazi, »der Mann, den kein Gewissen zum Schweigen trieb«, wie die Hannoversche Presse über ihn schrieb. Hier steht ein echter Gesinnungsgenosse Freislers!

Es ist ein öffentlicher Skandal, dass diese Figur heute einen hervorragenden Pianisten wie Helmuth Roloff beleidigen darf, ungestraft saubere, humanistische Widerstandskämpfer, wirklich große Persönlichkeiten, mit denen wir in Deutschland weiß Gott nicht gesegnet sind, wie Adolf Grimme, schmähen darf, dass er sogar nicht davor zurückschreckt, junge Frauen – wie die Gräfin Brockdorf –, die auf seinen Antrag hin in unserem Prozess hingerichtet wurden, und die sich darum nicht mehr wehren können, beleidigen darf. Ist das der Brauch eines deutschen Richters? Was sagen die deutschen Richter dazu? Hatte ein deutscher Richter enge Beziehungen zum Reichssicherheitshauptamt, betrat ein deutscher Richter überhaupt das Gestapohauptquartier, benutzte er dort sogar ein Zimmer? Die Abneigung gegen diesen Mann war so groß, dass eines Tages ein General, dessen Division Roeder als »Drückebergerverein« bezeichnet hatte, sein Zimmer betrat und ihn ohrfeigte, wie Augenzeugen feststellen. Die einzige Reaktion Roeders war, dass er dem Sinn nach hinterherschrie: »Das sage ich dem Führer!« Im Übrigen beließ es dieser große Generalrichter, der so gewaltig von Ehre schreit, bei einer simplen Meldung.

Ich rufe die Öffentlichkeit auf, Stellung zu nehmen gegen einen brutalen Handlanger Hitlers, der heute eine heimtückische Hetze betreibt. Ich kann jede meiner Äußerungen öffentlich beweisen. Das Gefühl für Sauberkeit und Anständigkeit ist in Deutschland noch nicht ausgestorben, wie diese Menschen meinen. Noch hat der Neofaschismus nicht gesiegt. Die Demokratie wird und muss sich wehren. Worauf es mir ankommt, ist Gerechtigkeit den Toten, aber auch den Lebenden gegenüber.

Ich, sein ehemaliger Angeklagter, klage diesen Roeder an!

Der Vater Schulze-Boysens, der ehemalige Fregattenkapitän E. Schulze, hat in einem offenen Brief klargestellt, dass die Behauptung Roeders, Schulze habe sich in Roeders Beisein von seinem Sohn losgesagt, unwahr ist. Ich stelle mich an die Seite des Vaters von Harro Schulze-Boysen und bezichtige den ehemaligen Generalrichter Manfred Roeder hiermit der Lüge! Wenn dieser Mensch Ehre im Leibe hat, so muss er mich verklagen, denn jetzt hat er keinen Führer mehr, dem er es sagen kann. Jetzt muss er vor Gericht!

Es hat in Nürnberg gegen Roeder ein Verfahren wegen Verbrechens gegen die Menschlichkeit geschwebt. Es wurde später in Lüneburg Klage gegen Roeder erhoben. Es wurden Ermittlungen angestellt. Ich richte öffentlich die Frage an den niedersächsischen Justizminister, wann der Prozess gegen Roeder endlich durchgeführt wird, in dem jeder Rede und Antwort zu stehen hat. Hier steht das Gewissen gegen Paragraphen. Bisher haben in dieser Sache die Paragraphen gesiegt, wann siegt endlich das Gewissen?

Lied von der Vergesslichkeit

Was ward denn aus der Hitlerei
und aus dem großen Hannibal,
aus Himmler und dem Dschingis-Khan?
Sie taten einen tiefen Fall.

Wie waren sie gewaltig, wie
erbebten wir vor ihrem Drohn.
Sie waren noch nicht fertig, da
lagen sie unterm Grase schon.

Seht all der Erde Ruhm und Glanz
verweht im nächsten Mittagswind,
und manchen Namen flüstert müd
nur noch am Gartenzaun ein Kind.

Doch habt ihr auch bedacht, wie weh
vergessen werden denen tut,
die von den Henkern umgebracht
mit ihrem Geist und ihrem Blut?

Vergesst nicht, wenn ihr lacht, die Zeit,
in der ein roter Strom einst floss.
Groß war der Jammer, doch es ist
auch die Vergesslichkeit heut groß.

Und ist sie groß, so denkt daran,
zuerst gab man euch ein Gewehr,
womit man Fremde töten kann.
Die Krücken kamen hinterher.

IV. MELANCHOLIE

Flaschenpost

In dieser Stunde, indes ich meine Pfeife anzündend
in das offene Feuer des alten Ofens blicke,
sende ich meine guten Gedanken in die Welt
wie einen aufblitzenden Schwarm von Brieftauben.

Bringt mir Nachricht von den Nachtwachen der Welt,
von Manilas Zimtrohr, von sibirischen Träumern,
vom verhängten Licht eines Londoner Sterbezimmers,
von spaniolischer Liebesnacht und von Betrügern von Boston.

In dieser Stunde, die als bleicher Wellenschlag hinrollt
über die Kontinente, treiben in ihrem mondhellen Schaum
die Mädchen mit bläulichen Lidern, die fahlen Minister,
die Liebespaare Amerikas, die schwarzen Familien, die Mütter,

in denen faustgroß noch augenlose Kinder hausen –
fliegt dahin, meine Tauben, wie gefiederte Pfeilschüsse leicht,
pickt in die Herzen der Träumer, berichtet Legenden,
kehrt zurück auf meine Schulter und flüstert mit mir.

Ach, die Welt ist in lauter sechzig Jahre aufgeteilt,
sechzig Jahre für Bach, Lenin, Swift und dich, Geliebte.
Vom großen Strom ein Becherchen dürfen wir trinken,
ist das Becherchen leer, so schlafen wir Durstigen ein.

All meine Briefe will ich in eine Weinflasche legen,
sie versiegeln und weit hinaus in den Strom schleudern,
damit die Nachgeborenen kurzsichtig und fremd dereinst lesen,
was ein rauchender Mann damals am Feuer dachte,

in dieser Stunde, in der der Brindisi-Wind sich frierend verliert,
indes im Osten Koreaner ihr einfaches Morgenlied singen,
im Westen Bailarinas die Zecher im Carioca erregen
und in den Ruinen Europas grauer Schnee auf graue Augen fällt

in dieser Stunde der guten Gedanken.

[Der Mensch hat nichts zu lachen]

Der Mensch hat nichts zu lachen,
wenn er sich selbst besieht.
Es bleibt ihm, wenn es hoch kommt
der Leib und das Gemüt!

Der Mensch hat so viel Pläne
wie Schnee am Tag gemacht,
doch schmelzen sie ihm lautlos,
erwacht er in der Nacht.

Doch jede Untersuchung
verlangt die rechte Zeit.
So stehn wir voll Beschämung
vor mancher Kleinigkeit.

Auf nichts kann sich verlassen,
wer das nicht gut versteht.
Und darum kommt der Mensch auch
meist zu sich selbst zu spät.

Melancholie

Ach, wir haben uns verloren
in dem wilden Spiel.
Kaum sind wir geboren,
sind wir schon zu viel.

Ach, wir sind gekommen,
bang und rätselvoll,
spottend unter Frommen
und vor Heimweh toll.

Lasst uns abends schweigen,
wenn sie schlafen gehn
und wir durch die Fenster
Lampen leuchten sehn.

Ach, wir früh Verirrten
wandern auf und ab
zwischen fremden Herzen
und dem eignen Grab ...

Nachtgesang

Sie schlafen alle bleich im Meer der Nacht
und schweben wie Ertrunkne durch die Räume,
Seeanemonenkronen tragen sie im Haar,
und sonderbar umrankt sie grün der Tang der Träume.

Ruhn die Mansarden tief im Wasser einer Nacht,
wie alte Münzen schimmern dann die Augenlider,
Traumfische stehn ringsum wie gelbe Ampeln
und starren zwinkernd auf die Schläfer nieder.

Und liegt ein Kontinent von Menschen unter Laken,
und atmen laut im Traum die Liebespaare,
dann mischen unterm Dach im Licht der Tiefe
sich mild die blonden und die braunen Haare.

Tritt in der Früh die Flut des Traums zurück,
so hebt sich Antlitz über Antlitz aus dem Tang,
und es erhebt sich weiß und vielgesichtig
der Mensch und mit ihm Gram und Hoffnung und Gesang.

[Ach, gelernte liebe Zärtlichkeiten]

Ach, gelernte liebe Zärtlichkeiten ...
zählt euch alle Engel auf die Brust,
einmal werden, die sich lieben, streiten ...
Gram und Falte bleiben von der Lust.

Liegt euch bei mit jungen Purpurstirnen,
spielt das Spiel, damit die Welt nicht endet,
eh ihr voneinander süß ermüdet
euch doch auf die andre Seite wendet.

Aber wenn ihr von euch abgelassen,
sollt ihr beide auf die andern lauschen:
hört ihr nachts Millionen Pulse schlagen
und den Atem aller Zärtlichkeiten rauschen?

Und du bleibst stehn vor Erschrecken

Träume sind wie Sperlinge flatternd
über dein Angesicht,
sie trinken den Schweiß von deiner Stirn
und verlassen dich nicht.

Sie wirbeln in hellgrauen Schwärmen
um den, der nie ist blind.
Viele Flügel umwehn dich, doch du
fühlst nur kühl ihren Wind.

Manchmal wächst einer der Träume,
fliegt wild bis in dein Herz.
Riesig stößt er dort nieder
als geschnäbelter Schmerz.

Und du bleibst stehn vor Erschrecken,
bangend im Mittagslicht.
Träume umschwirrn dich wie Vögel
so dicht, doch du siehst sie nicht ...

Drei Additionen

Ein Lyrikon

I. DIE SAAT DER GESICHTER

Gesichter kommen und gehen, fleischerne Saaten,
die sich auf sanft wachsenden Hälsen erheben
und bald gemäht sind. Seit den sumerischen Sommern
pflanzen sie fort sich durch Ähnlichkeiten.

Kette der Ähnlichkeiten anonym, wie in Glas geprägt
so mit Braue und Mund, zeigst du im Zwinkern die Art.
Unter perlmutterner Lieblichkeit schlingst du
die flinken Girlanden verwandter Falten leichthin

über die Hecke von Antlitz, jene Allee von Gesicht,
durch die äonengrau unsre Art sich heranschleicht
aus dem Jahre elftausend bis zum Nu in der Standuhr,
mit Fußspuren um dein Auge, die im Alter salzig erstarren.

So kriecht von Winkel zu Falte sie knittrig heran,
die noch sich zierende Gier, die im Echnaton aufstand
und durchs Mare nostrum nach Hamburg geriet,
wo sie um den Mund einer Kellnerin Wurzel schlug.

In zwei Jahrtausenden folgen einander nur sechzig
Gesichter. Wie Wasser auf sechzig fleischernen Stufen
des menschlichen Katarakts sinkt lautlos die Art,
und der Schaum der Gelächter verweht bald.

Jedes von ihnen sah Qual und lachte unter den Haaren,
wuchs vom Molch sich verdoppelnd im Kuss zu rosa Triumphen,
eh es mit grauer Haut und erbleichend zurücksank.
Aus jedem rannen mit wenigen Pausen die Sätze.

Aber wie Blätter sinken alle Gesichter bald in den Humus,
und seit Äonen verwandeln sie sich in geduldige Krume,
sodass wer pfeifend am Brotladen lehnt und umherblickt
im Makadam manchmal das Antlitz des Vaters erkennt.

II. DIE SUMME DER BEWEGUNGEN

Wie sie sich gleichen, die Bewegungen unter uns Menschen,
wie sie den Gelenken entströmen, dem Gesicht, dem Genick,
die Grazie der Lenden, die glatte Bewegung der Knie
und die des Mundes, der kaut oder küsst, die im Blick ...

Nicht überronnen von haariger Affen Kaskaden,
nicht überblüht wie ein Denkmal, ein Urwaldstamm,
nicht als Kupferguss grün beschopft, aber reglos;
mit der Bewegung wehrst du dich vor der Patina Kamm ...

Du unerkennbar, von Minuten gewinkt und flink wie ein Licht
in allen Winden, von dem die Stearintränen rinnen,
Mensch, aller Gesten sanfter Vasall und der Schwermut,
um den die Vorfahren heute noch Netze spinnen!

Wie er den Hut fasst, die Gabel hebt und wie er tritt,
wie er stempelt und betet und sitzt, sich besinnt:
Ach, die Ekstasen sind gleich, sind Schablonen, sind unser,
die wir wie Kinder im Wald der Bewegungen sind.

Mancher von uns – von den Lanzen durchbohrt wie ein Wild,
rosiger Josef im süßen Dornbusch, den Gewohntes bedroht,
in der Beschränktheit herrlich, bösartig vor Konvention –
findet aus dem nie gesehenen Wald nicht hinaus in den Tod.

Aber manchmal kommt einer, der eine Bewegung erfindet,
seit Äonen die erste! Wie ein Blitz geht sie lichtlos vorbei.
Er mit dem tollen Auge des Fremdlings, rebellisch
kommt er – und geht aus dem Wald so leis wie ein Schrei –

III. DIE TISCHE DER WELT

O die Tische, an denen ich gesessen,
an denen ich magerer Gast war.
O die Tische, ich hab schon vergessen,
wenn ich aufsteh, dass hier eine Rast war ...

O die Tische, die vielen und blanken,
dahinter des Richters Bauch.
Ich hatte an Planken die bangen Gedanken
und die bangen an Festtafeln auch.

Jetzt stütz ich den Ellbogen auf eure Platte
und träum von den Tischen der Welt,
von den Früchten und Büchern, von Pfanne und Satte.
Jeder Plan, der entrollt wird, zerfällt.

Und ich seh die geneigte Stirne der Denker,
die gefaltete, die mich ergreift,
und die Kinder mit Tassen und drei stille Henker
mit steifen Hüten, das Haar gereift.

Es sitzen am Tisch der Welt alle Frauen
die Bohnen schneidenden, stillen,
und das sitzende Heer der Schreiber, der grauen,
die Papiere in zahllosen Sprachen füllen.

An den Tischen entstehen Gespräch und Gerichte
und mancher Vertrag, der uns brennt,
Urteil und Schandtat und frühe Gedichte
und am Ende ein Testament.

Wie sind aller Hände flink auf den Tischen,
greifen zu, unterschreiben und liegen lahm,
wenn drei Tränen auf eine stille Hand fallen,
und der weint nicht mal weiß, wie es kam.

Und steht einst ein Tisch mit brennenden Kerzen
dir zu Häupten mit Floren geschmückt
in einer Familie von trauernden Herzen,
ahnt der Tisch nicht, dass einer nicht blickt.

O die Tische, an denen ich gesessen,
an denen ich magerer Gast war,
O die Tische, ich hab schon vergessen,
wenn ich aufsteh, dass hier eine Rast war ...

Regenlied

Ein Regen aus den Wolken
sind wir, der niederfällt,
ein Tropfen, der geboren ist,
ein Tropfen, der am Fenster rinnt
und der sehr bald verloren ist,
eh er sich auf die Welt besinnt ...
    Ein Regen aus den Wolken
    sind wir, der niederfällt,
    und gehn vorbei ...

Ein Tropfen, der am Fenster rinnt
und durch das Glas nach innen sieht,
wie alle dort beisammen sind ...
von Heimat ist's das alte Lied,
von einer Frau und einem Kind.
Es ist sehr still, die Lampe glüht.
    Ein Tropfen, der herniederrinnt
    und noch einmal nach innen sieht
    und geht vorbei ...

Ein Regen läuft auf Erden
als stiller Bach ins Meer,
und jeder Tropfen ist dabei,
bis er ins große Wasser rinnt,
man kommt und liebt und geht vorbei,
eh man sich auf sich selbst besinnt ...
      Ein Regen aus den Wolken
      sind wir in dieser Welt ...
      und gehn vorbei ...

Wolkenlied

Für Joy

Eine Wolke zieht vorüber ...
Eine andre hinterher.
Wenn die dritte Wolke ankommt,
siehst du die erste längst nicht mehr.
    Auch ein Schmerz, der geht vorüber,
    und ein andrer hinterher.
    Wenn der dritte Schmerz zu dir kommt ...
    Spürst du den ersten längst nicht mehr,
    nein, du spürst ihn längst nicht mehr.

Auch ein Mann, der geht vorüber
und ein andrer hinterher.
Wenn der Dritte mich allein lässt,
lieb ich den ersten längst nicht mehr.
    Auch ein Mädchen geht vorüber
    und ein andres hinterher,
    wenn das dritte Mädchen eintritt,
    liebst du die erste längst nicht mehr,
    nein, du liebst sie längst nicht mehr.

Darum Freunde, seid nicht traurig,
was auch sei, es geht vorbei.
Einer weint, der andere lacht jetzt,
jeder stirbt, das ist nicht neu.

    Aber im Vorübergehen, eh man wieder weiter muss,
    schenk den Liebenden ein Lächeln
    und dem, der lächelt, einen Gruß.

Lied von den Türen

Eine Tür fällt ins Schloss überall,
Und es gehen so viele hinaus.
Einer weint, einer lacht noch einmal.
Und die andern gehen müde nach Haus.
 Die Türen gehn und wir verstehn
 So wenig von dem, was geschieht.
 Die Welt ist groß, von uns bleibt bloß
 Etwas Liebe, ein Kind und ein Lied.

Auf uns alle wartet die Türe,
Wir treten mit Herzklopfen ein.
Wir hängen den Hut an den Haken
Und warten auf Brot und auf Wein.
 Die Türen gehn und wir verstehn
 Sehr wenig von dem, was geschieht.
 Die Welt ist groß, von uns bleibt bloß
 Etwas Rauch, wenn das Lämpchen verglüht.

Für uns ist der Tisch nicht gedeckt,
Da gehen wir leise hinaus.
Es fallen viele Türen ins Schloss
Im lärmenden Weltenhaus.
 Die Türen gehn und wir verstehn
 Sehr wenig von dem, was geschieht.
 Die Welt ist groß, von uns bleibt bloß
 Jene Rose, die auf uns verblüht.

Viele Türen gibt's in der Welt,
Aus dem Wald werden sie hergebracht.
Derselbe Wald ist es sicher,
Aus dem man die Särge auch macht.

    Die Türen gehn und wir verstehn
    Sehr wenig von dem, was geschieht.
    Die Welt ist groß, von uns bleibt bloß
    Etwas Staub auf den Schuhn und ein Lied ...

Desperates Schlaflied

Wenn du noch einmal kommst auf diese Welt ...
statt der rosigen Hände wünsch ich dir Klauen,
um sie zu erwürgen, und wer dich anschaut,
der schaue in deine Augen mit Grauen.
Ach, wir armen Menschenkinder ... susela ...

Und gegen die große Kälte trag du einen Pelz,
wie die nie frierenden Bären ihn tragen,
und ein Tigergebiss, um sie zu zerreißen
und am Genick ins Dickicht zu tragen.
Ach, wir armen Menschenkinder ... susela ...

Wenn ihr noch einmal kommt auf diese Welt,
so wärt ihr heut besser als Wölfe geboren!
Von Wölfen umgeben, müsst ihr euch wehren,
oder ihr seid auf der Erde verloren.
Ach, wir armen Menschenkinder ... susela ...

Im Schatten des Jasmins liegst du und lächelst,
tief vom Jahrtausend deine Augen, die reinen,
wie wenig werden sie zu lächeln haben
und wieviel Tränen werden sie weinen.
Ach, wir armen Menschenkinder ... susela ...

Lied im Zorn

Ein Fuß ist zum Treten da, zum Fluchen der Mund.
Der Rest ist ganz gemeiner Schund,
Ohne Zweifel.
Wir sind allemal auf dem Hund,
Zum Teufel! – – –
Aber alle Leute haben heute Heimweh, ja,
Soviel Heimweh wie hier Heimweh war noch niemals da.

Ein Zahn ist zum Beißen da, zum Waschen die Hand,
Seinen Kopf zerklopft man an Hand der nächsten Wand,
Zum Teufel!
Dass wir Hunde sind, ist bekannt,
Ohne Zweifel – – –
Aber alle Leute haben heute Heimweh, ja,
Soviel Heimweh wie hier Heimweh war noch niemals da.

Diesen Stern soll man zerschlagen, alle Himmel dazu.
Wozu hat ein Mann Eisen an Verstand und Schuh,
Zum Teufel! – – –
Uns bleibe man vom Leibe mit Getu!
Ohne Zweifel
aber haben alle Leute heute Heimweh – ja
Soviel Heimweh wie hier Heimweh war noch niemals da.

Lasst uns Steine säen

BRUDER: Lasst uns Steine säen, Schwester, jene
von tausend welken Händen bereits aufgehobenen.

SCHWESTER: Die aus den Öffnungen ihrer Köpfe
herausgeworfenen, meinst du die Steine?

BRUDER: Gewiss! Die Kiesel der Verleumdung, die Lava der Lüge,
den Granit der Schmähung, den Basalt des Hasses!

SCHWESTER: Und die Steine gedruckt auf Papier, vergiss nicht,
wie die im Radio gebellten, Bruder.

BRUDER: Gewiss, gewiss, die Ernte steht gut.

SCHWESTER: Die Aufrechtgeher waren emsig
Steine wohin du blickst ...

BRUDER: Brav, brav, die Ernte steht gut zwar, aber ...

SCHWESTER: Sieh, wie sie umherfliegen, sie verdunkeln den Mond
Eine Glocke von geworfenen Steinen ists, unter der wir stehn.
Es orgelt die Luft von den Würfen.
Und wie sie getroffen werden, die weißen Rücken,
die Frisuren, wie das sich schmerzvoll umsieht!
Und sieh: die Gesichter von Steinen getroffen,

die wie Laternen eingeworfenen Augen,
die eingeschmissnen Gebisse nach innen gekippt,
die zertrümmerten Nasen niedergelegt.
Ich finde, die Ernte steht gut, Bruder.

BRUDER: Zu wenig, zu wenig,
Lass uns eilen, Schwester,
lass uns Steine säen!
Lass sie keimen und Frucht tragen,
hundert für einen,
helle, harte Kiesel, Basalt, Granit!

Dann aber, wenn sie alle, wenn sie alle gesät sind
und wenn sie alle, wenn sie alle geerntet sind
und wenn sie geworfen werden, eija,
wird ein Nebel von Steinen sich im Mittag
der Welt erheben und die Schrebergärten
bedecken, eine geworfene Mauer wird herandonnern.
Die nach Steinen schrien, werden nicht
mehr nach Steinen schrein.
Deren Zungen Kiesel schleuderten,
werden um Hilfe schrein.
In der Überschwemmung aus Steinen, die
sich tosend über die Städte wälzt, wird
zerschlagen werden, wer je Steine warf.

In der grauen Sintflut aus Basalt, die mit
runden Rücken durch die Täler der Welt kriecht,
wird der prasselnde Tod sie zerschlagen.
Und ein Staub wird nach Westen ziehn.

SCHWESTER: Und sie werden satt sein vom Stein:
Die ins Gesicht werfen, deren Gesicht wird nicht in einen
Eimer mehr gehen. Geblendet werden
die Blender liegen. Wessen Mund hundert Steine spie,
der wird von tausend getroffen
sein, und sein Mund wird als roter Ring
unter schiefernen Wächten ruhn. Und die Rispen
der Wegwarte werden friedevoll lispeln:
»Hier ruhen die Steinwerfer, ein versunkenes Volk.«

BRUDER: Darum sag ich: lasst uns Steine säen.
Solange sie alle in fremde Gesichter Steine werfen,
solange ihre Worte steinigen
mit den Kieseln der Niedertracht –
lasst uns Steine säen!
Lasst uns Steine säen!

Bitte um Mitternacht

Wenn wir den Mantel unserer falschen Tage abgetan haben,
und wenn wir nicht mehr den uralten, falschen Haderwahn haben –

Ach Gott –
nach Liebe steht uns allen ja der Sinn.
O werfet den Hass, o Verachtung ja hin!
Unsere Trauer steht uns im Herzen so sehr,
wir haben ja keine Liebe mehr.

Wir sind ein armes verwehtes Geschlecht.
Eine Insel herbergt uns schlecht und recht.
Und ringsumher
auferstand ein Meer.
Wenn es abends rot an den Himmel stößt,
hat es uns Sehnsucht eingeflößt.
Wenn es müde vor der Küste lag,
wie graute uns vor Tag und Tag.

Wir sind ein herbstlicher, klagender Schwarm,
bitten um ein Herz, das sich erbarm,
und flehen jedwede Seele an
und haben Gebet auf Gebet getan,
dass Liebe sei, dass Liebe sei.

Und die Kälte, die Kälte dazu
lässt uns nicht Ruh.
Unruh treibt uns Hirn und Fuß,
Unruh, die uns quälen muss,
treibt uns um dazu.

Jeder steht im Regen,
(Weiß ers oder weiß ers nicht),
bittet die Fremden um Segen,
bettelt jeden fremden Mann,
der ihm vielleicht helfen kann,
um ein Brosam Liebe an,
harrt und steht
von früh bis spät.
Erst um Mitternacht
hat er sich heimgemacht.
Müde ist er nach Hause gegangen.
Die Liebe ist wieder vorbeigegangen.
Die Liebe hat er nicht gesehn,
muss morgen wieder auf Posten gehn.

Hast du Freund oder Kamerad,
hast du ein Herz, das sich dir naht,
bitt ich dich, musst milde sein,
alle Liebe lassen ein.

O Bruder, o liebe Freundin mein,
ich gab dir Gram und Härte und Schein.
Mein Herz hofierte auf hohlem Thron,
mein Herz weint, Geliebte, so lange schon,
will traurig und demütig niedersteigen
und vor dir, Freundin, sich still verneigen.

O alle, durch deren Tage ich ging,
ein Lied von der Reue erheb ich und sing
und sing ein Lied von der Liebe hervor,
das steige zu allen Herzen empor.

Nach Liebe steht uns allen ja der Sinn.
O werfet den Hass, o den Hader ja hin!
O schlaget Herz zum Herzen einander innig zu.
O gebt uns allen dann die ewige Ruh.

Lied vom Geschrei

Ich liebe kein Geschrei, was kann man machen.
Sie haben rote Köpfe vor Geschrei.
Sie kümmern sich um aller Leute Sachen.
Sie schrein sich heiß, warum, ist einerlei.
    In Lust und Not und bei der Freierei
    bleib ich dabei: Ich liebe kein Geschrei.

Oh wär's so still, dass alle Ohren welken!
Die Hähne flüstern und der Hass schweigt zart.
Im Wind sich wiegen hört man ferne Nelken.
Moos wächst im Mund, die Zunge wird gespart.
    In Lust und Not und bei der Freierei
    bleib ich dabei: Ich liebe kein Geschrei.

Ganz leise würd ich abends zu dir eilen.
Lautlos die Stube, lautlos wartest du.
Wir würden schweigend uns dein Lager teilen.
Die Sternennacht ist bald so leis wie du.
    In Lust und Not und bei der Freierei
    bleib ich dabei: Ich liebe kein Geschrei.

V. HEIMKEHR

Als die Stadt schwieg

Als ich in die Stadt kam, die ich seit Jahren nicht gesehen hatte, blieb ich stehen. Die riesige Stadt war wie ein grauer Gigant in die Knie gegangen, die Dächer lagen im Parterre. Ein Wald von Ruinen umgab den Wandernden. Ausgebrannte Panzer lagen an den Straßenecken. Berge von Schutt und Scherben dehnten sich auf den Straßen. Trampelpfade führten darüber.

Die Stadt schwieg. In Vorgärten standen rohe Holzkreuze aus Brettern über Verscharrten. Darauf stand mit Blaustift gekritzelt: »Drei deutsche Soldaten …«, »Ein russischer Soldat …«, »Fräulein Schmidt, Erna …«. Es war so still, dass man hörte, wie eine Badewanne, die oben in einer Ruine hing, vom Sommerwind langsam wie ein Perpendikel hin und her bewegt wurde. Eine MP hatte sie durchlöchert und ein Muster hineingestickt.

Aus Fensterhöhlen in verödeten Hausmauern wehten gespensterweiß und mit kleinen trägen Bäuchen Gardinenreste. Oder man blickte in drei übereinanderliegende Wohnungen, vor denen die Mauer gefallen war. Ein Spruch »Eigner Herd ist Goldes wert«, in Holz gebrannt, hing an einer Birke ohne Blätter.

In den Nächten begannen lautlose Schatten in die Ruinen hinaufzuklettern, um mit Zangen und Schraubenziehern ein bisschen Beute zu organisieren. Am Tag waren nur wenige Menschen auf den Straßen zu sehen. Sie hausten in den Ruinenkellern. Sie alle trugen Taschen, Rucksäcke, Koffer, und sie alle bewegten sich schwerfällig, als gingen sie unter Wasser.

Das Erstaunlichste aber war die Stille. Die Millionen Menschen dieser Stadt schliefen oder bewegten sich leise wie Mäuse, farblos und misstrauisch.

Man konnte weit sehen. Der Tiergarten in seiner ganzen Weite war kahl und ausgebrannt. Zertrümmerte Könige aus Stein lagen in der

»Gipsallee«. Und eine antike Dame aus Bronze ritt rauchgeschwärzt und stolz auf einem Pferd, dessen Hinterteil weggeschossen war, ebenso wie das der Reiterin. Andere Denkmäler standen possenhaft verstümmelt im Mittagslicht. Ab und zu fiel in den Straßen eine Ruinenmauer um.

Vom Brandenburger Tor bis zum Lützowplatz ging der Blick über eine hügelige Wüstenlandschaft, und der Wind schleppte Schleier aus braunem, in der Sonne violett aufleuchtendem Ziegelstaub von zusammengesunkenen Mietskasernen und zerfallenen Bankpalästen in den Tiergarten. Die dürftigen Blüten dieses Elendssommers wurden für Tabakspfeifen gerupft. Grauer Staub lag auf den Teerosen, auf den klein gewordenen Gesichtern, auf den alliierten Fragebogen. Man kaute den Staub, der einst eine festgefügte Stadt war, man kaute ein bisschen Friedrichstraße oder Anhalter Bahnhof, denn der Wind war der einzige, der in Berlin freie Bahn hatte.

Ich kannte mich kaum in den Straßen aus, so verändert waren die heimatlichen Stadtviertel. Man ist ein wenig verwirrt, wenn einem bei der Rückkehr die Heimat als Wüste angeboten wird.

Ich wandere hinüber in die Reichskanzlei. Das, was einst eine hochgebaute Prahlerei war, liegt jetzt wie ein verendetes Untier in der Kadaverlandschaft, umgeben von verrosteten Autowracks, die fassungslos mit leeren Scheinwerferhöhlen in die Gegend glotzen.

Hier, wo der Häuptling der wahnsinnigen Barbaren hauste, ehe er sich in einer Benzinwolke davonmachte, hier befand sich einst der Kommandostand der europäischen Zerstörung. Hier wurde der Krieg geplant, begonnen und beendet. Ungehindert geht heute der Blick über die Ebene des zerstörten Tiergartens bis zu den Trümmerfronten von Bellevue.

In den Ruinen schleichen Elendsgestalten herum, schmaläugig und unauffällig blicken sie nach Beute aus. Lachende Soldaten aller Siegermächte besichtigen die Ruinen, auf allen Fluren bieten pfiffige Jungen ihre Kenntnisse »für 'n Jroschen« an. Ihre dünnen Gesichter sind bleich.

Ein GI kauft Eiserne Kreuze, die ein Halbwüchsiger aus der Hosentasche zieht: ein Ritterkreuz = 50 Ami-Zigaretten, EK I = 20, ein

Mutterkreuz = 15 und ein Parteiabzeichen = 5. Eine Traube amerikanischer Soldaten drängt sich neugierig hinzu, und der Handel beginnt.

Ich betrete den langen Flur und das sogenannte Arbeitszimmer. Kahle Wände, Schutt und Glasscherben auf dem Boden. Das Parkett ist sorgfältig ausgebaut und heizt jetzt Kanonenöfen. Der Raum ist dreihundert Quadratmeter groß, mit scheunentorgroßen Fensteröffnungen. Am Kamin hängt ein ungelenk beschriebenes Pappschild: »500 Mark zahlen wir demjenigen, der uns den Dieb namhaft macht, der unseren Flaschenzug aus der Reichskanzlei gestohlen hat ...« Und die Unterschrift einer Firma.

Im sogenannten »Goldenen Saal«, in dem damals der Dreimächtepakt zwischen Deutschland, Italien und Japan von Ribbentrop, Ciano und Kurusu verkündet wurde, liegt ein kolossaler Kronleuchter wie das Gerippe eines glitzernden Tieres auf dem zerschossenen Boden. Er ist herabgestürzt und geplündert. Die Wände sind besät mit Inschriften in allen Sprachen. Darunter ist oft ein Wort zu lesen: »Frieden – Peace – Mir – Paix –«

Der rothaarige Junge zeigt mir die Inschriften und erklärt: »Sehn Se, det heeßt allet detselbe: Frieden. Aba wenn se alle Frieden wolln, warum machen se denn keenen?«

Er ist mager, zerlumpt und frech, unbesiegbare Jugend mit ihren genauen Fragen. Wir lachen ein wenig zusammen.

Lass nur, Junge, das wird ja alles kommen. Aber er ist nicht so zukunftssicher wie ich. Schließlich trollt er sich vergnügt.

Ich sehe aus dem Fenster über das, was einst die Ministergärten waren und der große Tiergarten. Das alles ist verbrannt, zersplittert, geplündert, umgehauen und verkrautet, ein Bild des Elends, hoffnungsloser noch als die Ruinenfelder.

Heimkehr nach Berlin

Als ich in eure Stadt hineinmarschierte,
verwildert und zerlumpt und doch recht kühn,
da sah ich gleich, dass die Stadt nur halbhoch stand,
und das war nicht Babel, nein, das war Berlin.

Und die Häuser hatten alle einen Knicks gemacht,
wie ein Kochtopf war sie abgedeckt die Stadt.
Die Etagen waren damals flink hinabgehüpft,
so dass die Stadt heut nur noch Erdgeschosse hat.

Ich marschierte allein durch das Ziegeldickicht,
und ein Fußpfad drin, der hieß einst Tauentzien,
und der Wind sang ein Lied, das gefiel mir nicht,
doch es war der alte Wind von Berlin.

Manche Lampe hing da oben schief im Himmelslicht
und Gardinen wehten zart im Mondenschein.
Die einst oben schliefen, schlafen weiter unten jetzt
in den Kellern ohne Traum und Kopf an Bein.

Laut hallten in den Straßen meine Schritte,
da gingen leise viele Schritte mit.
Es sind viele mit mir heimgekommen,
hört ihr unsern Holzpantinenschritt?

Da lief ich flink durch Trümmer und Kanonen
Und was ganz war, war allein der große Mond.
Und die Scherben glitzerten und klirrten unterm Schuh
und ich lief dahin, wo ich einst gewohnt.

Wo ich liebte einst und sie des Nachts umarmte,
Freund, da oben sah ich nichts als lauter Luft.
Ja, da steh ich nach drei Jahren in der Fremde
heimgekehrt und wart ein wenig, dass sie ruft.

Und dann frag ich in den Kellern nach der Liebsten:
Die, ach, die ist lange nicht mehr hier ...
Geh mal rauf, vielleicht hat sie was aufgeschrieben ...
Die ich öffnen wollte, die war weg, die Tür ...

Eine Stadt namens Dresden

Sie hatten mich in Berlin abgeholt und zu einer Ansprache nach Dresden gebracht. Als ich am nächsten Morgen aufwachte, war es sehr still draußen. Das einzige Geräusch kam von den Gardinenringen über dem Fenster, klappernd, metallisch. Die Gardine wehte ein wenig im Morgenwind, der hereindrang. Eines der Fenster war mit Pappe zugenagelt. Ein Streifen Sonne fiel durch den Fensterspalt herein. Es war Sonntag. Und es war in Dresden. Man hatte mich spät abends mit einem schwindsüchtigen Auto in dieses Haus gefahren, eine Art Gästehaus, und ich hatte versprochen, um elf Uhr im Hygiene-Museum zu sein. Ich wollte allein durch die Stadt gehen. Aber es sei schwer zu finden. Es gebe keine Straßenschilder mehr.

Keine Sorge, ich hätte meinen Weg in der brasilianischen Laguna del Ybera gefunden, ich würde ihn auch in dieser Stadt nicht verfehlen.

Als ich an diesem Sonntagmorgen aufbrach, war ich ausgeruht und heiter gestimmt. Aber das verging.

Ein endloses Hügelland von Trümmern dehnte sich von Horizont zu Horizont. Die Straßen waren leer, kein Gefährt, kein Mensch ließ sich sehen. Hier wohnte niemand. Es gab dreistöckige Ruinen, in denen wie Schwalbenflügel gebogen die Fußböden hingen, mit geheimnisvoll verschränkten Heizungsrohren und leeren Fensterrahmen. Neben ihnen standen die kleineren Ruinen, deren Oberbau ins Innere gesunken war. Sie unterschieden sich deutlich von den großen durch den dicken Bauch von Schutt, in den sich nicht nur das Dach, sondern auch die oberen Stockwerke verwandelt hatten, während die großen Ruinen schlank und grazil daneben im Wind aufragten, wie von Leid erstarrt.

Sonderbar, wie die leeren Fenster, hinter denen seidenblau der Sommerhimmel stand, ihre Klage zu vergrößern schienen. Die kurzen, geduckten Ruinen in ihrer Niedrigkeit schienen dumpfer zu trauern, mit mehr Ergebenheit, auflösungsbereiter.

Dazu kamen die einzeln stehenden Wände, einfach Mauern mit rechtwinkligen Öffnungen, hinter denen einst Familien gelebt, geliebt, geflucht und gejubelt hatten. Diese fielen zuerst. Wenn ein starker Wind wehte, so schwankten sie, und oft legte sich eine solche Mauer ermüdet auf die Straße, um sich aufzulösen. Ebenso ging es mit den einzeln stehenden Kaminen, schwarzen Lilien im Nichts.

Aber dieses weite Ruinenfeld, das fünfzehn Quadratkilometer groß war, wie ich später erfuhr, wurde meist von jenen regellosen Trümmerhaufen gebildet, die übrigbleiben, wenn ein Haus zusammenstürzt. Sie waren die Mehrzahl, einfach und unkompliziert verkündeten sie die vollendete Zerstörung.

Über diesem Garten der Vernichtung leuchtete in einem kobaltblauen, von Zirruswolken durchzogenen Himmel die volle Sonne. Ein frischer Wind hatte sich allmählich erhoben und sang im Gestein. An manchen Mauerkanten wehten ab und zu kleine helle Staubfähnchen, zierlich und verspielt. Und das ganze Trümmerfeld, durch das ich wanderte, flüsterte. Irgendwo rieselte Ziegelstaub, summte ein Windzug im Winkel, schwankten Kabelreste hin und her, und Wermut, der in früheren Salons wucherte, beugte sich im Frühlingswind. Auch die jungen Birken, die in einstigen Fleischläden wuchsen, raschelten verschämt mit den Blättern. Ja, es war ein großer Garten, durch den der Weg führte. Silbern glänzten die Mauern, rot die Ziegel, schwarz gähnten die verkohlten Fenster und braun vom Rost zogen sich schlangengleich Rohre durch das Sonnenlicht.

Es war kein besonders schöner Garten und der Gärtner hatte keine grüne Schürze getragen, sondern Stiefel und einen braunen Anzug und was er gesät hatte, waren Bomben gewesen. Die Saat war aufgegangen und die Ernte hieß Warschau, Rotterdam, London und Stalingrad.

Aber dann war eine andere Ernte gekommen. In Berlin wurden zahllose Menschen und 60 Prozent des Wohnraums vernichtet. In Duisburg wurden 5500 Menschen getötet, in Dortmund 6341, in Düsseldorf 5858, in Frankfurt 5364, in Würzburg 5000, in Darmstadt 6747, in Nürnberg 5585, in Hamburg 55 000. Dazu kamen in vielen anderen Städten Tote, Verschollene und Verletzte und die Vernichtungen der Wohnviertel, Industrien, Kulturbauten, Verkehrswege und Kirchen.

Und dann kam Dresden.

In der Nacht des 12. Februar 1945 hatten 770 englische » Lancaster-Bomber« rund dreitausend Tonnen Phosphor-Flammenstrahlen-Sprengbomben und schwere Luftminen auf die Stadt niederregnen lassen. Ihnen folgten am nächsten Tag 310 amerikanische »Fliegende Festungen«, die das Vernichtungswerk vollendeten. General Arthur Harris hatte als Zentrum der Zerstörung die überfüllte Altstadt Dresdens bestimmt.

135 000 Menschen wurden in jener Nacht getötet, mehr als in Hiroshima.

Auf die Frage des Labour-Abgeordneten Richard Stokes im Parlament, ob solche Angriffe zur offiziellen Politik der englischen Regierung gehörten, erwiderte am 6. März 1946 der Staatssekretär der Luftstreitkräfte Brabner: » Wir vergeuden keine Bomber und keine Zeit auf reine Terrortaktik. Der ehrenwerte Abgeordnete tut sich selbst Unrecht, wenn er in dieses hohe Haus kommt und die Vermutung äußert, dass Luftwaffengenerale oder Piloten oder sonst irgendwelche Leute in einem Raum zusammensitzen und sich ausdenken, wie sie möglichst viele deutsche Frauen und Kinder töten können ...«

135 000 Menschen. Es waren so viele Leichen, dass man sie auf dem Altmarkt zusammentrug und sie mit Benzin übergoss, um sie zu verbrennen. Einer der Überlebenden berichtete, dass er in eine Telefonzelle flüchten wollte. Als er die Tür aufriss, fielen ihm die Toten entgegen, die eng gepresst daringestanden hatten. Auch im Großen Garten und in der Elbe fielen die Menschen, die dort Schutz vor dem Feuersturm gesucht hatten, dem brennenden Öl und dem MG-Feuer der donnernden Flugzeugschwärme zum Opfer.

Joseph Goebbels schrieb danach, am 4. März 1945, in der Zeitschrift »Das Reich«: »... dass man von dem, was den Begriff Dresden ausmacht, nur noch in der Vergangenheit sprechen kann, dass im Zwingerhof keine Abendmusik mehr erklingen wird ...«

Als ich am verabredeten Ort ankam, sah ich junge Menschen, die in das Museum gingen, in Gruppen, in Paaren und allein.

Sie waren da. Sie lebten. Es war die Jugend dieser Stadt, mager, klaräugig und ein wenig spöttisch. Ich hörte, wie eine kleine Gruppe über die Erfahrungen lachte, die ein Vierzehnjähriger mit der ersten Zigarette gemacht hatte.

Seine abstehenden Ohren glühten vor Verlegenheit ...

Und im Zwingerhof erklingt wieder die Abendmusik.

Von der Stadt Berlin

Wenn sich die Falter an den Fensterscheiben aufgelöst haben,
Wenn unsre Haustüren in einen Eimer als Asche gehn,
Wenn im Staub deines Velourhutes ein kindlicher Fuß einst watet,
Dann erhebt sich überall die Frage: Welcherlei Stadt war dieses Berlin?

War es eine Stadt wie Athen oder Ninive oder Lhassa,
Von denen die Ruinen noch künden, diese Stadt war einst groß,
Sie leuchtete wie eine erhobene Lampe damals in der Welt,
Doch die Jahrhunderte löschten die Stadt langsam aus?

Wenn wir als ein Wald von Stäuben einst dahinwehn,
Werden wir nicht mehr anklagen können und sagen:
Nein, die große Stadt Berlin legte sich selber in Asche,
Und unsre Birnbäume hier blühen weiß trotz der Schandtat!

Es war eine Stadt wie nur irgendeine mit festen Dächern,
Mit Millionen von leuchtenden Fenstern, die sang und lachte,
Die Waggons von Tränen und Samen in ihren Nächten schuf,
In der man mit abertausend von Mäulern einander stark ansprach.

Dann aber wird von dem Andern gesprochen werden müssen,
Man wird sich mit den Regenschirmen leichte anstoßen
Und ein Gesicht schneiden, als habe man eine Wespe zerbissen,
Und der Hut wird aus der Hand fallen beim Bericht:

Man wird sagen, es gab einen Palast in der Stadt,
Dahinter jedoch ein Führerbunker tief in der Erde,
Der Weg vom Palast in den Bunker währte zwölf Jahre ...
Das ist vor der Geschichte, wie ein Vögelchen pickt am Demantberg.

In der Geschichte sinken die Städte in langen Jahrhunderten,
Aber diese hier stürzte in einem Atemzug der Geschichte.
Schweigend sitzen wir im Wind, der durch die Ruinen singt,
Und bedenken die Folgen, indes der Schritt aus den Fenstern fällt.

Wenn sich die Falter an den Fensterscheiben aufgelöst haben,
Wenn unsre Haustüren in einen Eimer als Asche gehn,
Wenn im Staub deines Velourhuts ein kindlicher Fuß einst watet,
Dann erhebt sich überall die Frage: Welcherlei Stadt war dieses Berlin?

NACHWORT:
Aber bedenkt, die Stadt Berlin hat sechs Millionen Hände,
Die, kommt der Feierabend, warm von der Arbeit sind.
Es wird sich zeigen, ob wir den Späteren beweisen können,
dass ein andrer Atemzug die Stadt der Geschichte neu in die Welt hob.

Das war Berlin

Manchmal abends in Berlin stand man plötzlich vor einem Jasminstrauch, vor etwas Blühendem unter dem Staub. Dann fiel einem ein: Dies sind ja nicht nur steingraue Wochen, in denen man nicht friert, es muss ja auch noch irgendwo wirklich Sommer sein. Und dies ist sicher die Spree. Auch zerspaltene Bäume, geknickte Pflanzen, zerschmetterte Hecken versuchten immer noch ihr altes Verführungsspiel mit kleinen verrauften Blüten. Sie sagten: Sommer. Den ganzen Tag war man damit beschäftigt, sich zu »erinnern«.

In der Trümmerlandschaft Berlins, in deren violetten Abendschatten zuweilen überraschend und opulent das erleuchtete Reklameschild einer Kneipe auftauchte, gab es ein Hotel, das »Hotel am Zoo«. Man wies mich dorthin, und ich fand Obdach. Zwar waren die Glasfenster durch Pappe ersetzt, es gab keine Bettlaken und nur stundenweise Licht, aber im Vorgarten servierte man bereits eine unbeschreibliche Mischung von gekochtem Wasser und Chemie mit Namen »Heißgetränk«. Von irgendwo drang klapprig-hartes Geräusch. Trümmerfrauen warfen die Ziegelreste zuhauf.

Hier saß ich mit den ersten wiedergefundenen Bekannten an einem sonnigen Nachmittag, als ich in einer vorübertänzelnden Staubwolke einen Radfahrer auftauchen sah, der sich den menschenleeren Kurfürstendamm entlangquälte. Die Drähte der Straßenbahn und der Laternen, die zunächst als wirres Geflecht bauchig heruntergehangen hatten, waren bereits beseitigt, gestohlen oder abmontiert.

Vor der Ruine eines eingegrabenen Panzers erkannte ich den Kommenden, es war Karl Heinz Martin, der Regisseur, schmal und drahtig. Er stieg ab und bestellte sich ein »Heißgetränk«.

»Schön, dass du wieder da bist«, meinte er trocken und wischte sich mit einem Taschentuch die Stirn. Die üblichen Fragen, nach Ort und Art des Überlebens, wurden beantwortet.

Dann fragte er:

»Willst du nicht mitmachen? Wir wollen das ›Theater in der Strese-
mannstraße‹ wiederaufbauen. Ist amerikanischer Sektor ... Hast du Lust
auf den Chef-Dramaturgen? Wir beantragen eine amerikanische Lizenz.«
Wir einigten uns. Kurt Raeck und Oskar Ingenohl kamen als Verwal-
tungsleiter hinzu und wir nannten es »Hebbeltheater«.

Es war jene Zeit im Sommer 1945, in der wir uns häufig im frü-
heren Haus der NS-Kulturkammer versammelten, Versprengte,
Untergetauchte, Heimgekehrte. Wir bildeten eine »Kammer der
Kulturschaffenden«.

Jürgen Fehling, der einst Barlachs »Blauen Boll« mit Heinrich
George unvergesslich inszeniert hatte, und der Schauspieler Viktor de
Kowa hatten mich lebhaft begrüßt, als ich vor einigen Tagen nach Berlin zurückgekehrt war, die Kritiker Friedrich Luft, Herbert Ihering, der
Sekretär des Schriftstellerverbandes Werner Schendell und andere bemühten sich um die »Sektion Literatur«. Zum Präsidenten der »Kammer« wurde der alte Schauspieler und untadelige Nazi-Gegner Paul
Wegener gewählt. Einige jüngere Schauspieler fuhren mit Fahrrädern,
die damals eine Kostbarkeit waren, durch die Stadtviertel, um die The-
aterhäuser zu prüfen. Ihre Berichte lauteten etwa: »Dach noch in Ordnung ... Bühne wenig zerstört ... Vorhänge verschwunden ... Gestühl
teils verheizt, Haus aber bespielbar ...« Und dann schlug die »Kammer« der jeweiligen Besatzungsmacht einen Intendanten vor: Legal,
Wisten, Barlog, Fehling, Langhoff.

Karl Heinz Martin und ich fuhren jeden Morgen zwölf Kilometer
mit den Fahrrädern ins Theater und nachts zwölf Kilometer zurück in
unsere Wohnungen.

Im »Hebbeltheater« gab es keine Nägel, keine Farben und kein Material. Bei Dialogpausen hörte man den Regen auf die Bühne tropfen,
und die Zuschauer mussten sich gegen die Kälte Decken mitbringen.
Wir eröffneten mit Ardreys »Leuchtfeuer«.

Nun, das Berliner Premierenpublikum hatte ein wenig gelitten. In
der ersten Aufführung saßen die amerikanischen und sowjetischen, die

englischen und französischen Offiziere in den ersten Reihen, und ihr Gewicht betrug vermutlich etwa so viel wie das des ganzen übrigen Parketts, das aus mageren Deutschen bestand. Ihnen waren die Anzüge zu weit geworden, es gab zu viel Haut in den grauen, verschreckten Gesichtern, und die Damen bemühten sich vergeblich um die alte Grazie, um die alte, verschollene Pracht, trugen Abendkleider aus Gardinenstoff und Fallschirmseide. Das alte Spiel »Gesellschaft« wurde nach den Regeln des »Als ob« und mit gelernter Delikatesse zelebriert. Dabei warteten draußen höchstens einige brüchige Kleinwagen, ein Holzgasautobus und alte Fahrräder an der Auffahrt: Doch, echte Leidenschaft war es, mit der damals Theater gespielt wurde und mit der man ins Theater ging. Welch erregende Premieren waren das damals: »Professor Mamlock«, »Nathan« und »Wir sind noch einmal davongekommen«.

Und welch ein Berlin war das in jenen Jahren!

Noch lag es am Boden, Hügelzüge von rotbraunen Ziegeln bedeckten weite Areale, noch kürzten Pfade quer über die zusammengesunkenen Mietskasernen den Weg ab, noch standen geknickte Straßenlaternen wie vergessene Galgen, und in Tiergarten hatte man Gärten angelegt, Arme-Leute-Gärten, mit Kohl und Kartoffeln bepflanzt und von verrosteten Bettgestellen eingezäunt. Die Menschen wanderten unaufhörlich und trugen Lasten. Auf Plätzen und in Vorgärten lagen verscharrte Opfer. Tausende bauten sich aus irgendwelchen Resten Fahrräder zusammen und gemauerte Öfen, und mühsam kreischten alte, überfüllte Straßenbahnen durch die Straßen, soweit die Leitungsdrähte geflickt waren.

Aber langsam änderte sich das Bild.

Ein Heer von hageren Trümmerfrauen ebnete die Ziegelgebirge ein und man verkaufte, was man nur besaß, auf dem »Schwarzen Markt« in der Nähe des Brandenburger Tores.

Polizisten, armselige Gestalten in grauen Uniformen, erschienen bescheiden, mit nichts als einem Holzknüppel bewaffnet, und Verwaltungen wurden aufgebaut. Und während der ganzen ersten Jahre gab es das Schauspiel des Sichwiederfindens. Zwei arglose Menschen blieben auf der Straße plötzlich stehen, begannen einander unter freudigen Rufen wild zu umarmen und brachen immer wieder in ein Gelächter aus.

Eines Tages traf ich H. wieder. Er war braungebrannt, immer noch fast zwei Meter groß und kräftig. Beim dünnen Bier an der nächsten Ecke berichtete er: Zuerst Frankreich ... dann zwei Jahre Ostfront ... nein ... gewöhnlicher Landser ... Verheiratet? Ja ... gewesen ... Er wurde still, trank sein Glas leer und berichtete stockend: »Ich kam grad zum Urlaub nach Hause, war auf dem Bahnhof, als nachts Alarm war. Nach der Entwarnung bin ich losgerannt. Überall hat es gebrannt. Das Haus war weg. Sie wurde gerade an ihren weißen Armen aus den Trümmern gezogen. Man hat sie kaum erkennen können.«

Ich fragte: »Und wo ist F.?« »Vermisst.« »Und K.?« »Gefallen.« ... Gefangen, vermisst, gefallen, gefangen, vermisst, gefallen ...

Und ich traf L. und A. auf der Straße. Sie strahlten, und wir waren alle glücklich darüber, dass wir lebten. Es gab die gleichen Antworten. Allmählich waren wir wieder eine Schar von Freunden in Berlin, und Berlin war unsere Stadt, und wir lebten.

Und Berlin wurde wieder eine richtige Stadt. Auch die politische Trennung, auch die Währungsreform konnten daran nichts ändern, selbst nicht die Warenlawinen in den Schaufenstern des Westens. Niemand glaubte, dass die Trennung in Ost- und Westberlin von Dauer sein würde. Hunderttausende fuhren täglich zwischen Ost und West hin und her, denn es wurde in beiden Stadtteilen gearbeitet und gelebt und geliebt. Und die Berliner waren es, die sich ihre Stadt aufbauten, und was sie anfassten, wurde zur Großstadt.

Ja, Berlin, durchtobt von Tausenden von Diskussionen, durchweht von Flüchen, durchweint von Verzweiflung, durchbraust von Gelächter, Berlin wandelte sich zur Weltstadt zwischen den Völkern. Das war ein Vorgang, der die entschlossenen, zähen, energiegeladenen Hungerherzen der Berliner höherschlagen ließ.

Es wurden viele Sprachen in der Stadt gesprochen und Zigaretten aus vielen Ländern geraucht: Papyrossi, Gauloises, Goldflakes, Chesterfields. Berlin, die Interzonenstadt, wurde die weltoffenste Stadt

Deutschlands. Hier saß der Funktionär aus Samarkand neben dem US-Piloten aus Ohio, neben dem schottischen Lord und dem französischen Maquis-Offizier aus Lyon. Sie alle saßen am Tisch der Deutschen. Und in Hunderten von Häusern hingen abends bei Geselligkeiten amerikanische, russische, englische, französische Mützen nebeneinander am Haken. Wir genossen die Gespräche, die fremden Gewohnheiten, die Diskussionen der Befreier, und wir diskutierten gehörig mit.

Die Berliner, denen der Blutvorhang der Diktatur den Blick nur wenig getrübt hatte, hatten in ihrer Stadt die stärksten Widerstandszentren gegen das Naziregime aufgebaut. Jetzt lernten sie prüfen, beobachten und nachdenken. In dieser sonderbar erregenden Stadt, diesem Pompeji des Nordens, lebten wir voller Hoffnungen, kritisch und rabiat.

Da war der immergrüne Jürgen Fehling, der massige Lübecker, dem die Anzüge zu weit geworden waren und der abends nie ins Bett fand, ein Meister der witzigen, oft zynischen Formulierung, suggestiv, jähzornig, großmütig. Der alte Julius Bab war für ihn »der liebe Gott als Bratapfel«. Ein bestimmter Schauspieler sah für ihn aus, »als bedaure er, nicht bei Langemarck gefallen zu sein«. Den Schreiber nannte er einmal beim Bier »Barrikaden-Rilke«. Unerschöpflich im Vergleich, reich in der Sprache, mit einer Rastelli-Zunge gesegnet, stets unberechenbar, so saß er nachts in der Runde und konnte wundervoll erzählen, gepflegt und gelegentlich in eine geradezu wilde Erotomanie ausbrechend, ein Grenzenloser, der Heinrich George gebändigt hatte und den Gründgens an seinem Staatstheater hielt, obwohl Fehling seine Abneigung gegen den Nazismus kaum verbarg. Er hatte mich einst zu seinem einzigen Film geholt. Wir schrieben zusammen ein Treatment nach Tschechows »Drei Schwestern«, das verlorengegangen ist, aber wir hatten eine großartige Zeit miteinander. Der Film wurde natürlich nie gedreht. Heute hat sich der geniale Fehling zurückgezogen. Wir alle spüren es, dem Theater in Deutschland fehlt seine Handschrift.

Aber da waren noch viele. Es tauchte in Berlin die wunderbare Schauspielerin Joana Maria Gorvin auf. Niemand, der es sah, wird vergessen, wie sie in dem großen Nachkriegserfolg »Wir sind noch einmal davon-gekommen« langsam die Bühne betrat, grazil, stählern und federnd vor Lust. Ernst Busch, aus dem Zuchthaus befreit, sang seine Lieder, metallhart und hell. Der unvergessliche Karl Heinz Martin inszenierte, der wenig später starb und an dessen offenes Grab zwei miteinander versöhnte Frauen traten. Rossellini und Hindemith sahen sich in Berlin um, der große Kortner kam, die Dorsch, Albers spielte »Liliom« im »Hebbeltheater«, Gründgens wurde aus der sowjetischen Haft entlas-sen, und Brecht, Piscator, Hanns Eisler, Ernst Deutsch und Hunderte aus allen Weltgegenden kehrten zurück.

Jedoch, der Kalte Krieg fraß sich in diese Entwicklung ein, und heute sind die ersten Nachkriegsjahre mit ihrer Aufbruchstimmung, ihren lei-denschaftlichen Diskussionen und ihrem künstlerischen Opfermut vor-bei. Das alles ist nur noch Erinnerung an eine Stadt, die sich auflehnte gegen ihre bittere Not und sich mutig auseinandersetzte mit Schuld und Sühne.

Welch ein Berlin war das in jenen Jahren ...

Begegnung am Abend

Darstellung eines Gesprächs

Eine Hotelhalle, schwere Teppiche, distinguierte Weite mit erlesenen Farben, leise wie ein Wald am windstillen Abend.

Ich saß an einem der Tische und sah einen Mann auf mich zukommen, groß, elegant, mit nussbraunem Anzug, heiter gestimmt, Wohlstand ausstrahlend, ein Chef, schwergewichtiger Erfolgstyp. Er beugte sich zu mir und grinste:

»Tatsächlich ... Er ist es ... Walter! ... Mann ...!«

Begrüßung ... alte Bekannte ... wir hatten uns gleich nach der Niederlage vor 20 Jahren kennengelernt und waren uns damals häufig in Berlin begegnet. Er war Landser gewesen, geflüchtet, ein Mann ohne Geld, radikal gestimmt, und er hatte zu malen begonnen, Bilder der Not und der Anklage mit leidenden Menschen im Schatten, ausgezeichnete, scharf aggressive Porträts, skurrile Untergangsapotheosen, aufregend, die ihm bald einen Namen verschafften: Kubu. Wir nannten ihn einfach Kubu ...

Hier auf dem Seidensessel saß er nun, hochmodern, gelenkig und vergnügt.

»Wie geht's dir, Kubu?«

»Ausgezeichnet! Glückliche Ehe, eine niedliche Tochter, alles O.K. ... Herr Ober!«

Der Kellner erschien und brachte wenig später einen Whisky und zweimal Tee.

»Und was treibst du jetzt, Kubu?«

»Werbezeichner.«

»Was?«

»Naja ... die Zeit hat sich geändert. Ich hab' ne Firma, acht Angestellte ... Aufträge auf Jahre hinaus ... was will man mehr?«

»Kubu, das ist ja großartig ...! Malst du auch noch wie damals? Denkst du überhaupt noch an damals?«

»Doch ... manchmal ... aber der Traum ist vorbei.«

»Wer hat geträumt? Du?«

Er lehnte sich wie nach einem Vorwurf zurück und in seinen Augen flackerte ein schmaler Scharfschützenblick auf, wurde dann ruhig und kalt:

»Vielleicht sind wir Idioten. Aber inzwischen haben wir die Lektion begriffen. Die erste Atombombe im Krieg war doch für Deutschland gebaut, stimmt's? Aber wir gingen vorher in die Knie. Als alles kaputt war, war es sogar jahrelang verboten, Bleisoldaten zu kaufen. Gedächtnis, wie? Und heute haben wir die größte Armee Europas und dürfen nach der Bombe unsre Finger ausstrecken. Wenn ein Volk das alles erlebt hat, das träumt nicht mehr, das hat das Spiel begriffen ... O.K.? Die Zeit ist hart wie 'ne Stahlfräse ...«

Ich beugte mich vor und betrachtete ihn. Hier saß er, der clevere Geschäftsmann mit hundert Profitideen, einer scharfen ›Geh-zum-Teufel‹-Konsequenz und mit drei Grundgefühlen: Familie, Vergnügen, Luxus.

»Hast dich ziemlich verändert seit 1945, Kubu ...«

»Klar, aber soll man auf 'ner Wiese knien und Friedenslieder singen, nie wieder Hass, nie wieder Militär, endlich 'ne neue Zeit, ganz, ganz neu? Nee, alles Blech. Sense. Was kam, war Wohlstand und ein kleines bisschen Herzinfarkt ...«

Er trank seinen Whisky aus und bestellte einen zweiten. Er saß breit am Tisch, als erwarte er einen Angriff, der sofort zurückgeschlagen werden würde, sofort, wachsamer Geschäftsmann, nur wenig dick, ein Fighter mit vielen Siegen und mit einem niedlichen Herzinfarktchen hinter der Weste.

»Vielleicht war das gerade der Traum: Wohlstand, Häuser, Industrie, Autokolonnen, Prestige und die Wirklichkeit ist noch nicht geschafft ...«

»He, du kommst aber mit scharfer Zunge ... Was soll das? Bist wohl unter die Politiker gegangen, was?«

»Nein, aber ich komme soeben aus dem Ausland, wo es am ärmsten ist: Indien.«

»Hast, also 'n Kater, armer Junge, komm, trink ...«

Wir tranken und sahen einander an. Sollte ich das Gespräch abbrechen?

Aber mit diesem Mann hatte ich das Elend der Niederlage erlebt, und jetzt saß er hier robust am Tisch.

»Hör zu, Kubu, du hast doch allerhand erlebt ... die Kristallnächte, die gewaltige Aufrüstung, die Judenverfolgung, das Eindringen in andere Länder, die Kriegsüberfälle, und dann Niederlage, Hungerperiode, Geldumwertung, Entnazifizierung, Kommunistenhass, der Kalte Krieg ...«

»Ach, Mann, hör auf mit deiner Moralphrase ...«

»Aber ist das nicht alles geschehen ...?«

»Gewiss, gewiss, aber es gab auch eine Opposition ... den 20. Juli ...«

»Die Opposition wäre ein wirklicher Ruhm für unser Volk. Weißt du mehr Beispiele, Kubu?«

»Na, die Geschwister Scholl ... und ... und ... Hör mal, was willst du eigentlich?«

»Als aktiven Widerstand kennt man meist nichts anderes als die Namen einiger hoher und adeliger Offiziere und von fünf oder sechs katholischen Studenten.

Aber die vielen andern? Dass die deutsche Widerstandsbewegung in Wirklichkeit viel größer war und mindestens 32 000 hingerichtete Deutsche aller Weltanschauungen zu beklagen hat ... das wissen heute nur wenige, Kubu. Es gab viel Mut in Deutschland. Die Schafottfront zerstörte ihn.«

»Und warum ist das später nicht bekannt gemacht worden?«

»Weil hunderte von Widerstandsgruppen fortschrittlich gesonnen waren und weil seit 1955 alles, was Opposition war, verdächtigt und diskriminiert wurde! Zeitschriften und Organisationen der Widerstandskämpfer wurden lahmgelegt und jeder, der politisch links dachte oder opponierte, wurde als verdächtig deklariert.«

»Ist das nicht höchst einseitig, Walter?«

»Einseitige Taten lassen sich nach zwanzig Jahren feststellen. Der Kurs der Regierung führte politisch zur Restauration, nach rechts also, und keineswegs zu fortschrittlichen, freiheitlichen Linken. Das ist zu beweisen!«

»Jetzt hör endlich auf mit deiner verdammten Doktrin. Jeder tut seine Pflicht, und wenn's nach rechts geht, ja, warum nicht? Mach dir bloß keine Sorgen darüber, sonst kannst du als Linksradikaler kaum noch ein Paar neue Schuhe kaufen. Lass die Finger davon.«

Er schlug mit seiner flachen Hand auf den Tisch. Der Kellner kam und er bestellte den dritten Whisky.

Kubu war wütend. Ich war gespannt, wann er aufstehen und die Halle verlassen würde.

Ich lachte: »Sag mal, meinst du nicht, dass jeder wahlberechtigte Bürger sich gelegentlich Gedanken über unsere Entwicklung machen sollte, oder gehörst auch du zu den Kaufleuten und Industriellen, die sagen: Politik? Bin nicht dran interessiert ... mich interessiert nur mein Geschäft!«

»Im Gegenteil!«, rebellierte Kubu. »Ich bin zum Beispiel der Ansicht, dass unsere Wirtschaft gewaltig aufgebaut hat, und dass dafür die Kultur vernachlässigt wurde ... Weiß ich alles ... les ja Zeitungen ... Da sind die Schulen, die Universitäten, die Krankenhäuser, denken an die Lesebücher ...! Millionen Kindern wird reaktionärer Lesestoff eingefiltert.«

Ich nickte: »Das bestätigt nur den Trend der Regierung zur Restauration. Der politische Kurs nach rechts aber hat unser Volk schon zweimal in den Krieg geführt. Rechts wohnt der Untergang. Die deutsche Geschichte legt die Beweise vor.«

Der Kellner erschien und servierte den dritten Whisky, dann verschwand er würdevoll. Mit einem kühlen Prost trank er mir zu. Er war nicht mehr vergnügt wie am Anfang unserer Unterhaltung, nein, eher gallig, aber mit überlegener Belehrung sagte er:

»Du weißt doch, mein Lieber, dass die Begriffe links und rechts nicht mehr existieren. Das ist längst vorbei. Hast du das vielleicht nicht mitgekriegt?«

»Vielleicht in unserm Land nicht, aber in den USA, England, Skandinavien, Italien, Indien, in der ganzen Welt! Die nichtexistierenden Linksbewegungen nehmen überall zu. Ist das nicht interessant?«

»Bei uns jedenfalls gibt's keine Linke, gleich, ob ihr Phantasten das begreift oder nicht. Kapiert?«

»In jedem Volk gibt es eine bewahrende Rechte, eine ausgleichende Mitte und eine fortschrittliche Linke. Und was haben wir hier gehabt? Die Einheit aller Deutschen wurde 1871 hergestellt und das Deutsche Reich wurde damit die größte und stärkste Kraft Europas. Aber es wurde von Rechtsregierungen geführt, die 1918 das Deutsche Reich zerbrachen. Nur wenige Jahre gab es dann fortschrittliche, danach schon wieder rechte Regierungen, die immer radikaler wurden und schließlich zur rechtsnationalen Diktatur führten. Schon nach 76 Jahren war also das große Deutsche Reich durch Rechtsregierungen zerstört. Jetzt haben wir nur noch zwei kleine Reststaaten, die sich nie wieder zusammenschließen werden ...«

»Oho! Die Wiedervereinigung kommt, weil sie kommen muss, Walter!«

»Die vom ganzen Volk gewählten Regierungen haben mit viel Gefühl, Hass und Anmaßung unser Reich sehr schnell zerstört, und jetzt will man auf einmal eine Wiedervereinigung schaffen? Träume, Gefühle, Hoffnungen, aber die Welt ist schneller als ihr glaubt, Kubu.«

»Du vergisst die Tüchtigkeit und den Fleiß des deutschen Volkes, Walter.«

»Zugegeben, Kubu, aber eigentlich sind mir Völker lieber, die den Hass und politische Gefühle begraben haben und ihr Leben zu genießen versuchen.«

»Glaubst du etwa, Walter, unser Volk sei dümmer oder schlechter als andere Völker?«

»Nein, es ist nur gehorsamer und vergesslicher ...«

»Verdammt, hör doch endlich auf mit deiner Schwarzmalerei! Das macht einen direkt wütend ...!«

»Richtig, Kubu, du erinnerst dich daran ... Wut, Hass, Jubel ... die Gefühle sind es, die bei uns die Politik stark bestimmen, während die ältesten Parlamentarier der Welt, die Engländer, den Begriff ›unanimously‹, leidenschaftslos, kühl in ihre politischen Diskussionen eingeführt haben.«

»Gottseidank, dass wir noch Gefühle haben. Du siehst das alles einseitig, verbohrt. Der Mensch braucht eben Gefühle, auch in der Politik.«

»Hast du denn ganz vergessen, was wir mit unseren Gefühlen angerichtet haben? Jubel um den Kaiser, den Kriegsausbruch, tausendmal Jubel und Hass während der Hitlerzeit. Politiker, die in ihren Reden hauptsächlich Gefühle produzieren, sind gefährlich. Sie lassen die massenhaft existierenden Gefühlsasseln heraufsteigen, um öffentliche Vorurteile und Hass zu dirigieren. Der politische Hass wird zur materiellen Gewalt, wenn er die Massen ergreift. Politiker in der Demokratie sollten ihr Volk mit dem Verstand ansprechen, mit dem atmenden, lebenden Verstand!«

»Huhu! Du solltest Lehrer in der Sonntagsschule werden, da kannst du von Kellergefühlen phantasieren. Einfach erstaunlich, wie du dich verändert hast!«

Ich sah ihn an, sein breites, rosafarbenes Wohlstandsgesicht mit dem frigiden Spott. Auch er musterte mich mit einem gewissen Erstaunen, das von einer zwinkernden Neugier überholt wurde. Ich erkannte seinen unausgesprochenen Satz: Ein rechthaberischer Einzelgänger ist er geworden ... nicht der gängige Firmentyp ... Zuviel Impressionen aus dem Ausland ...

»Du hast dich auch sehr verändert, Kubu ...« meinte ich. »Allerlei Grenzen liegen zwischen uns.«

»Kann man wohl sagen.«

»Das ist natürlich.«

»So?«

»Ja, die Menschen verändern sich alle verschieden, jeder nach seiner Art.«

»Na, wir sind satt geworden und müde, geb ich zu ... und ein bisschen leer, mag sein ...«

»Ach, Kubu, wichtig scheint mir, dass ihr eure Gefühle nur noch für euer Privatleben gebraucht.«

»Das sind vage Hoffnungen, Walter!«

»Die Vernunft gewinnt Boden, Kubu ...«

Ich sah ihn an, den erfolgreichen Werbezeichner. Sein ehrliches Gesicht lächelte.

»Ach, Kubu, habe ich vergessen zu sagen, dass es auch eine Menge guter Gefühle gibt?«

»Du hast dich wirklich verändert, Walter.«

»Wir haben uns beide verändert, Kubu. Du warst damals radikal und aggressiv.«

»Du auch! Ist das ein Wunder?«

Die permanente Veränderung aller Menschen ist ein Grundgesetz. Es lagen genau zwanzig Jahre zwischen unserer Begegnung damals und der von heute. Wir saßen im jadefarbenen Licht einer luxuriösen Stehlampe, zwei ältere, Tee trinkende Männer ... in der eleganten Halle des Hotels und blickten einander nicht ohne Wohlwollen an.

*

Zwanzig Jahre früher ... Wie war ich ihm begegnet?

Ein knöchernes Gesicht, verwahrlost, schmutzig und wirr behaart mit hellen Augenschlitzen, der Mann hager, lumpig gekleidet, so stand er in der Berliner Kneipe, in der eine Gruppe von Trümmerarbeitern dünnes Bier tranken.

Sie waren keine rauen Krieger mehr, im Gegenteil, hier saßen Elende, Geschlagene, Geflüchtete mit hageren Gesichtern.

Sie sagten, dass sie nie wieder mit dem Krieg zu tun haben, nie wieder eine Knarre in die Hand nehmen wollten, nie wieder reinfallen würden ...

Der mit dem knöchernen Gesicht beugte sich mir zu:

»Bist du auch der Meinung?«

»Klar.«

»Wie heißt du?«

»Walter.«

»Und ich bin Kubu. Die Welt muss neu und ganz anders aufgebaut werden. Wer Freiheit sagt, muss auch Gerechtigkeit sagen! Der Mensch soll endlich wissen, dass die anderen auch Menschen sind, ob sie Juden sind, Kommunisten oder Neger. Die neue Welt hat 'ne große Zukunft, wenn sie die Vernunft entdeckt. Neue Köpfe, neue Regierungen, nie wieder Aufrüstung, keine Titel, keine Orden, neue Methoden, neue Pläne ...«

Sie saßen alle zerlumpt an den schmutzigen Holztischen in der engen Kneipe, und sie starrten ihn mit grauen Gesichtern an. Acht elende Männer ohne Farben, aber mit einiger Hoffnung in den ausgezehrten Gesichtern und mit unendlich gutem Willen. Ein einbeiniger Graukopf stand auf:

»Wie lang wer'n wir brauchen, um die Städte wieder aufzubauen ...?«

Kubu lachte verwegen: »Na, in 20 Jahren müssen se stehn.«

Sie blickten einander an und schmeckten die Zahl ab. Zwanzig Jahre. Die meisten schüttelten die Köpfe ...

»Mann, du träumst wohl! Das ist ja'n Traum ... Nee, so rasch geht das nich ...«

Nach 20 Jahren standen die Städte ...

Und was stand in vielen Zimmern: Geschäft, Vorteil, Firma, Industrie ...

Und was stand in vielen Wohnzimmern? Die alten Gefühle ...

Die Nationen Europas

In Kriegermäntel gehüllt und voller Verdacht
stehn sie weit auseinander im hallenden Europa
vor dem Abendhimmel des Kontinents und hören
verstört noch ihr Blut tropfen und das Rascheln der Brandstätte,
die Nationen.

Hört sie von der Bombe flüstern, mit knirschenden Kiefern,
den Fuß in den Ratten, den Mund welk von Kränkungen.
Noch dampft die Angst aus den misstrauischen Mänteln,
und schon tasten die Hände fatal nach der Waffe,
die Nationen.

Wie alternde Krieger, so stehn sie, jede fern von den andern,
Honig auf der Zunge, doch Verwünschungen brütend und düster,
mit funkelndem Wundensaum, mit Blut und Tressen gezierte,
hinter der Hecke von Grenzen, über die noch Flore wehn,
die Nationen.

O ihr natürlichen Völker der Welt, werft ab diese Mäntel,
die prunkend-zerschundenen eures ergrauten Nationalismus,
tretet hervor, ihr Völker, die ihr den Frieden liebt
nehmt ab die Panzer aus Stahl, legt nieder die Bombe, verlasst
die Nationen.

Tretet zusammen, ihr Völker, entwerft die Ordnung der neuen Welt,
sprecht miteinander in Ost und West. Verachtet den Hass!
Tretet zusammen, ihr Völker, zeigt euch die offenen Hände!
Das neue Jahrhundert erwartet von uns das neue Gesetz
des Menschen.

VI. WAHRHAFTIGKEIT

Mit Brecht in Zürich

Er steht auf der Terrasse seiner Wohnung bei Zürich und ist der alte, unveränderte Brecht geblieben, hager, klein und gebeugt. Sein römisches Haar glänzt, schwarzgrau, und hinter einer mächtigen schwarzen Brille sind die schwarzen Augen versteckt. Wir sehen über dem blauen Zürichsee in der Ferne die Alpenkette im Licht sich erheben und diskutieren über Spannung, über Verfremdungseffekte und über epische und ortlose Dramaturgie. Seine Argumente kommen mit einer Präzision, die langes Nachdenken verrät. Man finde in seinem Gesamtwerk keinerlei Naturschilderung, meint er einmal. Er liest einen Brief Schillers vor, er liest eine seiner Balladen vor, alles mit jener bajuwarisch-scharfen Stimme, die seine alte dialektische Rauflust verrät und die ich noch von damals her im Ohr habe.

Ein Meister der Antithese, Wanderer zwischen Amerika und Europa, der sich gelegentlich in einen chinesischen Weisen verwandelt, ein deutscher Klassiker, der in vierzehn Jahren rund um die Erde gereist ist und nun vor der Rückkehr nach Berlin steht. Stets glimmt die Zigarre in seiner gestreckten Hand. Er geht mit der Geduld eines passionierten Lehrers durch die Straßen der Stadt, genügsam, fremd und ironisch.

Was war damals Besonderes an diesem Brecht?

In das alle Ekstasen gewohnte Theater des Expressionismus trat ein Revolutionär und das Theater horchte auf. Seine Stücke entsprangen nicht der Raserei, sondern der Kälte. Eine neue Sachlichkeit erschien an der Rampe. Eine ungewohnte Art von Bühnenfiguren tauchte mit Baal auf, Kragler, Schlink, Galy Gay und Uriah. Mit ihnen betraten die Zigarren rauchenden Individuen von der Straßenecke, die Lümmel mit Uhrkette, die den Hut in die Stirn ziehen, damit man sie nicht erkennt, zum ersten Male die Bühne, neuartig angeleuchtet: der Abschaum, in dessen Dialogen die Fäulnis poetisch zu glühen beginnt.

Der phosphorne Abglanz des Verfalls ist es, den Brecht in den bösen Gesichtern seiner Figuren widerspiegelt. Und der moderne Mensch, der kleine Mann mit Weste und Hut, erhielt in Brechts frühen Dramen zum ersten Male seine Romantik.

Es war eine zynische Romantik der Verachtung, der dicke Mond leuchtete rot über den Ganoven und die Dialoge rempelten den Zuschauer an, mit einem infamen Rotwelsch, das die Wohlwollenden verstörte und darum sofort Mode wurde.

Diese heisere Stimme aus dem Nachkriegschaos schleuderte rabiate Dialoge voll finsterer Schönheit auf die Bühne, deren Zynismus die Snobs entzückte, denn der junge Brecht, der Mann, der aus der Kälte kam, war der frierende Feind des Pathos. Ein Büchnerscher Pessimismus dämmerte auf, eine Lust der Verzweiflung, die ihre Größe hatte.

Das Wort Herz verachtet Brecht, und damit einen ganzen Literaturtrakt, der vom Gefühl und von der Gefälligkeit lebt. Bekanntlich eckt Herz nie an. Herz hat immer Auflagen. Immer geht die Versuchung um, mit geheimnisreicher Undeutlichkeit zu schreiben, heute wie damals. Es ist auch bequemer. Der Autor kann nicht belangt werden. Brecht wurde belangt, gehörig und ungehörig. Er blieb, was er von Anbeginn war, ein präzis formulierender Antithetiker, ein Dialektiker der Parabel. Wir haben wenig Angriffslust in der deutschen Literatur der Gegenwart. Die Zeit der Attackierer, der Rebellen, der Empörer ist dahin: Toller, Tucholsky, Wedekind, Sternheim, Hasenclever. Ein ganzer Sektor unserer Literatur scheint ausgestorben.

Geblieben sind die Biederen. Da wird zaghaft – allenfalls – ein Gegenstand in Frage gestellt, möglichst vieldeutig formuliert und behutsam und alibisicher vorgetragen. Gewiss, die alten Formen werden rebellisch zerschlagen, aber wenn man auf die Inhalte schaut, so bleibt's bei der alten Filzpantoffelweise. Wir sind überlaufen mit biederen Rebellen, mit Empörern ohne sachliche Motive. Aber wenn die Steine schreien, können die Dichter nicht säuseln. Wenn die Geier des Untergangs den Himmel verdunkeln, können nur die Epigonen den gepflegten Rasen besingen. Die Entwicklung zum Krieg hin war damals bereits für die Dichter spürbar. Die Weltkatastrophe hat den Attackierern, den wahrhaften Empörern und Auflehnern recht gegeben, die frühzeitig gewarnt haben.

Die Schriftsteller Georg Kaiser, Kurt Tucholsky, Feuchtwanger, Werfel, Friedrich Wolf, Bruckner, Toller, Heinrich Mann, Zuckmayer, Döblin, Ringelnatz und Brecht lebten damals in der kraftgeladenen Reichshauptstadt. Brecht hatte damals nach der »Dreigroschenoper« begonnen, sich mit dem dialektischen Materialismus auseinanderzusetzen und Theorien des wissenschaftlichen Sozialismus direkt auf das Theater zu übertragen. Später wurde das Schiffbauerdamm-Theater der Ort, an dem er seine Theorie des »epischen Theaters« mit außerordentlichem Erfolg zur Anwendung brachte.

Aber noch ist es nicht soweit. An diesem Abend auf der Terrasse am Zürichsee hat er nur Pläne dazu entworfen – und es wird viel Mühe kosten, sie in die Realität umzusetzen. Seine neuen Arbeiten?

Auf Mikrofilmen hat er seine Werke mitgebracht? Sie passen in eine kleine Schachtel, sagt er. Er ist – wie Valéry – der großen Weltmechanik zugewandt, ein Chemiker in seinem Labor, in dem er zukünftige Formen zu entwickeln trachtet – ein geheimnisvoller Chemiker, der Geheimnisse verachtet.

Salut an Hemingway

Dicker bebrillter Pa in Cuba drüben,
im Turm einer Zuckerprovinz lässig hausend:
dass sie dir diesen Nobelpreis gaben,
hat in Old Europe die Weintrinker fröhlich gemacht.

Es sind ja nicht jene emsig polierten Marmorfigurinen
unsrer dünnbrüstigen, fabelarmen Literaten,
die für eine bizarre Adjektivkombination
eine Story opfern, hysterische Klauber, Gourmands der Vokabel,
    Kulis der Zeitlosigkeit,
        voller euphorischer Seufzer.

Nein! Du siehst den Pickel im Gesicht!

Ach, wie verblassen im Schrank die Gespenstersucher,
die preziösen Spätlinge im Frost der Epigonie,
wenn du, gewaltiger Beweger, anhebst zu atmen
und mit einer Seite Dialog im Fischkutter
ihre Ausverkaufs-Ewigkeiten glatt annihilierst.

Es ist die Hand eines Boxers, Weltmeisters jetzt,
der das kaninchensüße Geflüster im Schlafsack erfand,
bevor Jordan die Brücke sprengte, oh dein »Farewell« ...
Deine Kat, deine Frauen und Tiger, du trägst sie im Blick
        todgeladen, mirabellenzart
        voller Passion
        immer einsam.

Verzeih, wenn ich zu deinem dicken bebrillten Gesicht mit dem
Bart ein wenig verlegen, einmal nur »Antlitz« sage.
Und Basta!

Nachwort zu Brechts Tod

Als er noch lebte, war er schon Legende.
Der einst kam und rebellisch Trommeln in der Nacht rührte,
ging als Klassiker von uns.

Nur kurze Zeit schrieb er,
vielfach gehindert,
nur kurze Zeit, aber
voller Krieg, Revolution, Verfolgung und McCarthismus,
ein Vertriebener, Ausgebürgerter,
Heimkehrer nach Berlin und dort rasch verstorben.
Nur kurze Zeit schrieb er
seine Gedichte, ein Dutzend Stücke,
Prosa, Theorie und Theaterarbeit,
nützlich der Lehre des Sozialismus
und erhabene Dichtung.
Freunde, unter uns hat ein Genie gelebt!

Wie konnte er zyanblau seidene Verse setzen,
wie konnte er, mit der Innigkeit des hinkenden
Boten aus dem Kalender,
unserem Volk seine Beschwörungen schreiben,
aber auch jenen seine Reime wie Eisenhämmer ins Gesicht schlagen,
die den nächsten Krieg stiften und
deren Einnahmen mit der Aufrüstung steigen.

In der ersten Hälfte dieses Jahrhunderts,
die die blutige war,
hat er gegen die Gewalttat seine scharfe Stimme erhoben.
Er war in unserm so leicht vergessenden Volke der,
der niemals vergaß,
und genau behielt er den Feind im Auge.
Er nannte ihn mit Vor- und Zunamen
und listig seine Gerundia setzend,
zeigte er den Massen der Welt
von Tokio bis London und Dresden,
dass jeder Krieg von Menschen gemacht wird,
auch der nächste, der den Atomsumpf uns bringt,
und er zeigte, dass der zugrunde geht, der am Krieg
zu verdienen trachtet.

In der Schule am Schiffbauerdamm sprach er, der Lehrer,
meist knapp, mit viel Ironie und direkt,
ein Lenin der Vokabel, stets offen.
Er kannte sie nicht in seinen Sätzen,
jene bequeme Ausflucht und
jenes Verschweigen, mit dem die Feigen
sich so oft »taktisch verhalten«.
Er wollte stets das genaue Gute,
das sofort und radikal und
mit guten Mitteln zu tun war.

Kein anderer Poet hat wie er einen
solch furchtbaren Kahlschlag durch
den deutschen Wald der falschen Gefühle gelegt.
Der biedere blaue Ventiltraum,
der gezielte Rausch des Surrealismus,
die kaninchensüßen Revolten,
die im Zyrrhus silbern-selig entschweben,
die morphinsüße Illusionsliteratur,
auch die politische Schnulze:
sie sanken erbleichend dahin.
Er entgottete kalt, was zu entgotten war,
um endlich zu sehn, was übrigbleibt.
Dabei zog er schreibend das kleinere Wort vor,
er, der die großen Worte, die Vollmaster der Sprache,
meist unter ironische Wimpel setzte, fuhr
eher auf den raschen Jollen der Sprache,
die genauer zu steuern sind, die sicherer ankommen
und die den Strand
jedes Kopfes erreichen,
auch den mühsamsten.

Er war der Unbequeme, der Geheimnisfeind,
der Verfremder, der Forderer und Frager,
von Schülern umgeben,
westlichem Denken und
östlicher Weisheit zugetan.
Er erkundete der Dichtung unbekannte Provinzen,
ein neues Lehrbuch schreibend, dialektisch und
ein wissenschaftliches Theater setzend.

Ach, Bertolt Brecht, du warst
ein großer Freund den Freunden,
fürsorglich, posenlos und zäh verschmitzt.
Wie haben wir gelacht zusammen
in Meilen am See, als wir über
die Spannung im Drama diskutierten,
in Zürich, wo wir Schach spielten,
in Hamburg, wo wir in Kneipen saßen,
und in Berlin, wo wir manche Pläne schmiedeten.
Das Buch der Briefe, zwischen West und Ost, die wir
einander senden wollten,
wird nie geschrieben werden.
Es war ein anderer Brief, der kam
und deinen jähen Tod meldete.
Rundum ahnten nur wenige, als sie aufschraken bei der Nachricht,
dass hier ein Mensch durch die Zeit gejagt war
und rund um die Erde getrieben und so
lebend vom Schicksal in allen Kontinenten herumgezeigt
als ein reales Beispiel für Veränderer,

mächtiger Poet heiliger Nüchternheit,
Genie der Vernunft, jedem verstehbar,
Nachdenker der Veränderung,
den Deutschen unseres Jahrhunderts
mit wenigen anderen Klassiker.

Wenn ich auf den Friedhof gehen werde,
auf den dein Fenster hinabsah –
du zeigtest mir die alten Bäume
einst vom Fenster aus und sagtest:
»Da unten lässt sich's gut ausruhn, wie?« –
Dann werde ich nach diesem Fenster emporblicken,
das das deine war,
und nicht in poetischer Attitüde darauf warten,
dass das Licht deiner Lampe im Fenster angehe.

Das Licht deiner Lampe geht jeden Tag
und jede Nacht an,
wenn einer eins deiner Bücher aufschlägt
und das wird viel geschehen
und in vielen Sprachen werden sie gedruckt sein.
Und wer in der Welt eines deiner Bücher gelesen
oder eins deiner Stücke auf dem Theater gesehn,
dem wirst du, Brecht, nicht mehr aus dem Kopf gehen.
Brecht ist ein ständiger Prozess in vielen Hirnen,
Brecht ist der Veränderer hinter den Stirnen.
Darum sag ich: Brecht ist da und nicht gewesen!

Auf den Tod eines Dichters

Trauerrede auf Hans Henny Jahnn, gehalten am 17. Dezember 1959 im Deutschen Schauspielhaus in Hamburg

Wie wenn er aus dem Nebel gekommen wäre, so wurde er plötzlich sichtbar damals beim Kleist-Preis, und er ging wieder in den Nebel hinein, vor wenigen Tagen, und sah sich nicht um. Und wir standen fröstelnd um sein Grab und warfen Erde hinein, und niemand sprach als sein bleicher Freund, und über Blankenese stand ein großer Nebel, als wir gingen, doch der Nebel blieb, vielgesichtig und geheimnisvoll.

Wenn ein Dichter stirbt, so ist der Schmerz anderer Art als jener, den ein Geschäftsmann, ein Dreher oder ein Anwalt hinterlässt, oder andere Menschen, die in der Welt leben. Es ist nicht selten, dass ein Dichter neben der Welt lebt, ja dass er gegen seine Welt zu leben gezwungen ist oder dass er seiner Welt vorausgeht. Das ist das Recht des Dichters. Aber es heißt mit Schmerzen leben. Und es war das Schicksal zahlreicher Dichter in unserem Volk. Häufig sind Selbstmord und Not in den Biographien der deutschen Literatur verzeichnet.

Trifft dieses Schicksal nun alle, etwa auch gefällige, biedere Dichter mit dem Graubrotgeruch, oder jene provinziellen Stillen im Lande, die stets zu überleben wissen, oder die esoterischen, bigotten Hersteller von Vokabelbrokat, oder die allseits beliebten Idylliker, oder vielleicht jene, die den Faltenwurf der Anbetung im Vers sublim und erfolgreich zu arrangieren verstehen?

Nein. Nein. Sie werden verschont.

Der öffentliche Zorn dagegen trifft voll die Kühnen mit dem großen Atem, die Sehenden, die unter weit geschwungenen Augenbrauen die Zukunft mustern, die Humanisten, Revolutionäre und Empörer, die ihren leidenschaftlichen Protest in die deutsche Misere schleudern, jene, die vor unserer grotesken Wirklichkeit mit ihrem bluttriefenden Widersinn erschauern und die eine Veränderung der Dinge, die Vernunft fordern.

Es geht seit alter Zeit ein »Ich habs gewagt« durch unsere Geistesgeschichte, ein Ruf, der immer wieder – verendet einer der Rufenden – von einem der Nachfolgenden aufgenommen wird. Und so oft ein Rufender sterbend zurücksinkt, so oft erhebt sich eine neue Stimme. Und so gewaltig die düstere Drohung bei uns oft auch war, jene helle Stimme hat nie aufgehört ihr Credo, ihr Bekenntnis, ihren Protest, ihre Anklage in die Welt zu rufen, die unaufhörliche Stimme der Dichtung. Die einzigen fast, die damals das Unheil voraussahen und ihre Warnungen hinausriefen, waren nicht die Machthaber, sondern die Dichter und Schriftsteller. Das ist in jeder Bibliothek nachlesbar, denn die Beweise liegen gedruckt vor.

Sie sind es, die immer wieder aufstehen, wenn unser Volk den herdenhaft gewohnten Gang zur nächsten Katastrophe antritt, die rufen und beschwören, die Dichter. Sie haben furchtbare Gegner, schaudererregende, dunkle Tabu-Giganten, die tausendarmig und gesichtslos unser Volk beherrschen. Missbrauch der Macht heißt einer von ihnen, ein anderer, der größte und ihr König, heißt nationale Dummheit. Er wird gefolgt von den Riesen des Militarismus und der Unduldsamkeit. Diese Tabu-Giganten stampfen durch unsere Geschichte und treiben unser Volk vor sich her.

Sie treiben es durch die scharlachbunte Welt der Kinos, in denen Hass und Gewalttat gelehrt und jegliche Verkommenheit, und sie füttern es jede Woche mit Lawinen und buntem Verdummungsstoff in den Illustrierten, dazu kommt wöchentlich ein millionenfacher ja ... Ausstoß von Groschenheften. Und das alles ist ein großes Geschäft!

Die riesige Flut von multipler Verdummung verhindert das öffentliche Denken über die Ursachen, führt zum Barbarismus, zum Nichtbegreifen, zum Nichthörenwollen, zur Unduldsamkeit, zum Hass, zum Missbrauch der Macht. Und hier stehn jene auf vorgeschobenem Posten, die Beunruhigten, die Alarmrufer, die Denker, die Schriftsteller und die Dichter, mit zusammengebissenen Zähnen, und sie erheben ihre Anklage im Namen der Vernunft.

Ihr Schicksal ist bitter. Sie werden beschimpft, boykottiert, beleidigt, verjagt, gefangen oder getötet. Das alles ist sofort mit hunderten von Schicksalen zu beweisen. Wir wollen stattdessen nur einige Namen nennen: Schubart, Lessing, Schiller, Heine, Büchner, Kleist, Barlach, Brecht, Döblin, Kuckhoff, Heinrich Mann, Ossietzky, Seghers, Sternheim, Toller, Tucholsky.

Ein Name unter allen sei zuletzt genannt: Hans Henny Jahnn.

Er ist der Mann, dessen Geburtstag heute zum 65. Male wiederkehrt.

Er gehörte bis zu seinem letzten Lebenstag zu den Beunruhigten, zu den Alarmrufern, zu den großen Anklägern und jenen, die eine Veränderung der Welt fordern.

Wie war der Mann beschaffen, von dem wir sprechen?

Er ging einen weiten Weg, der in Stellingen begann und in Blankenese endete. Am 17. Dezember 1894 wurde er in Hamburg als Sohn eines Schiffsbauers geboren und er starb in Hamburg am 29. November 1959. Er machte sein Abitur 1913. Von 1915 bis 1918 lebte er in Norwegen, damals schon Emigrant und Pazifist, als unser Volk sich in einen Krieg stürzte. Zurückgekehrt beteiligte Jahnn sich an der Gründung des Ugrino-Musik-Verlages, der vorwiegend ältere Musik herausgibt, so die Gesamtausgaben der Werke von Vinzent Lübeck, Samuel Scheidt und Dietrich Buxtehude, ferner die letzte Fassung von Mozarts »Gärtnerin aus Liebe«.

Jahnn war nicht nur Schriftsteller, sondern seit 1922 auch Orgelbauer. Die Arp-Schnitger-Orgel in der Jacobikirche hat er wiederhergestellt, auch die Klopstock-Orgel in Ottensen ist sein Werk, ferner die Orgeln von Langenhorn und der St.-Pauli-Kirche. Am Umbau der Cavaillé-Coll-Orgel im Dom zu Metz war er beteiligt, an der Wiederherstellung der St.-Petri-Orgel in Malmö und zuletzt am Bau der Rundfunkorgel in Ost-Berlin.

Bis 1933 war er amtlicher Orgelsachberater der Freien und Hansestadt Hamburg. 1933 wurde er wegen politischer Unzuverlässigkeit aus seinem Amt entfernt, aber 1945 wurde er nicht wieder in sein altes

Amt zurückberufen. Von 1934 ab war er längere Jahre Mitarbeiter und Berater eines Kopenhagener Orgelbauers.

Die Nazijahre verlebte er auf Bornholm, wo er bis 1945 auf einem Bauernhof arbeitete. Hier beschäftigte er sich neben seinen literarischen Arbeiten mit Hormonforschung.

Nach 1945 kehrte er nach Hamburg zurück, wo er in der neugegründeten »Freien Akademie der Künste« zum Präsidenten gewählt wurde. Er gehörte zu den vom »Internationalen PEN-Klub« auserwählten 20 Schriftstellern, die in Göttingen das deutsche PEN-Zentrum gründeten. Er wurde Mitglied der Mainzer Akademie und korrespondierendes Mitglied der Berliner »Akademie der Künste«. Er lebte in Hamburg-Blankenese unter sehr bedrängten Umständen und starb im Krankenhaus zu Altona.

Der Weg des Schriftstellers begann 1920, als er sein erstes Drama »Pastor Ephraim Magnus« veröffentlichte. Das Stück wurde von Bertolt Brecht und Arnolt Bronnen in Berlin gemeinsam inszeniert und erregte leidenschaftliche Diskussionen. Oskar Loerke verlieh dem jungen Dichter für sein Stück den Kleist-Preis, den Jahnn im folgenden Jahr an Anna Seghers weitergab. 1954 erhielt Jahnn eine Hälfte des niederländischen Literaturpreises und 1956 den Hamburger Lessing-Preis.

Das Werk Jahnns zählt zehn Dramen, von denen »Der Arzt, sein Weib, sein Sohn« 1923 von Gustaf Gründgens in Hamburg aufgeführt wurde. Jürgen Fehling inszenierte in Berlin 1925 die »Medea« mit Agnes Straub. Weiter seien die Dramen »Der gestohlene Gott«, »Straßenecke«, »Armut, Reichtum, Mensch und Tier« genannt. Als letztes Drama wurde 1956 »Thomas Chatterton« in der bedeutenden Inszenierung von Gustaf Gründgens im Deutschen Schauspielhaus Hamburg uraufgeführt.

In der Zeitschrift »Sinn und Form« liegt der erste Akt »Die Trümmer des Gewissens« vor, eine Auseinandersetzung um das Problem der Atombombe, die den Dichter bis zuletzt beschäftigt hat. Der Essay »Der Mensch im Atom-Zeitalter« gibt Zeugnis davon.

Die größeren Prosaarbeiten sind »Perrudja« und der umfangreiche Roman »Fluss ohne Ufer«, dessen letzter Band noch aussteht. Eine Reihe kleinerer Prosaschriften schließt sich an.

Der Mann selber, ziemlich groß, schwer gebaut, unauffällig gekleidet, ein pyknischer Typ mit einem auffallenden Schädel, an dem der enorm breite Mund auffiel. Er hatte eine bestimmte Art, traf er auf Verständnislosigkeit, einen schrägen Blick nach oben zu schicken. Das kam häufig vor. Die Totenmaske zeigt dieses Gesicht, durch das stets Wellen der Erregung zogen, endlich in Ruhe, gelöst und schön. Das Gesicht zeigt eine Größe, jenen verliehen, deren Leben nicht einem Zweck galt, sondern dem Sinn.

Der zweckfreie Gedanke, ein Leben lang hinter einem Gesicht arbeitend, formt es anders und verleiht ihm gelegentlich klassische Größe.

Der Mann, ein Ablauf, seine Biographie eine Notenschrift, skandinavisch skandiert, die Gespräche verweht, das Werk verstreut, aber erhalten und voller Bedeutung.

So steht dieser Mann vor uns, der Einzelgänger, ein Rebell auf eigene Rechnung, mit viel Bitternis bezahlend und mit viel Armut, ein Mann der heimatlosen Liebe, narbenbedeckt, Enttäuschungen gewohnt, oft beschimpft und viel gerühmt, ein Mann, der ein großes Lachen hatte und allerhand Zorn, ein Mann, naiv oft und voller Melancholie, gläubig, ja tief religiös, aber bis zum Exzess antikirchlich, ein herzlicher Kamerad, gütig und verbittert dabei, vergesslich und nobel, von seiner Sendung überzeugt und höchst bescheiden. In diesem Mann wohnte eine mächtige Orgel mit zahlreichen auseinanderstrebenden Stimmen, reich an vertrackten Dissonanzen und ärgerlichen Kakophonien, aber dennoch gab es oft herrliche Musik. Und er spielte die volle Orgel sein Leben lang, verschwenderisch und zart. Er schrieb eine Sprache, wie sie selten ist in unserer Generation.

Der Schriftsteller benötigt für sein Werk keine Farben, keinen Stein, keine Violine. Er benutzt ein lächerlich leichtes Handwerkszeug, das jedem Menschen kostenlos in den Mund geliefert wird, die Sprache, jenes weltumspannende Gewebe aus Lauten, das in den Gesichtern der Menschen in vier bis fünf Fuß Höhe entsteht und ein unsichtbares Netz aus Vokal und Konsonant herstellt, ein lärmendes Netz der Mitteilung, das Gerücht und Ruhm herstellen, verdammen und töten kann. Jenes eigenartig variable Verständigungsinstrument zwischen Pol und Pol mit seiner einmaligen Diffusionskraft wird vom Schriftsteller überlegt benutzt und mit seinen Nuancen und Assonanzen fast wissenschaftlich exakt angewandt.

Zwischen ihm und der Welt gibt es nur ein Medium: die Sprache. Sie ist sein Ausweis, sein Naturale, sein Pass. Niemand ist so stark von ihr abhängig wie der Autor, der Gedanken und Empfindungen in Sätze zu bringen sucht, da Empfindungen an sich nicht mitteilbar, sondern höchstens umschreibbar sind. Wer Empfindungen deutet, beobachtet. Mit der Beobachtung beginnt der dichterische Prozess. Der Mensch denkt nur so weit, wie seine Sprache reicht. Die Benennung trennt den Gedanken vom Traum. Man kann nicht ohne Worte denken, wohl aber träumen. Nur soweit es Benennung gibt, ist die Welt erschlossen. Die Benennung unbeschreiblicher Vorgänge ist die Aufgabe des Poeten, der die Sprache handhabt, um Empfindungen, die er durch Worte subtil umzirkelt, in vielen Lesern oder Zuschauern zu erwecken und auf diese Art Menschen zu verändern. Stets hinterlässt der Durchgang einer poetischen Wirkung einen Veränderten.

Jahnn war überaus reich an Empfindungen, er litt oft unter Empfindungsstürmen, unter den Attacken zahlreicher, oft einander widersprechender Empfindungen, unter dem raschen Wechsel von Flut und Ebbe im Dickicht seiner Fibrillen. Von panischen Stromstößen war er oft tonisch durchzittert, ausgeliefert seiner Vision.

Infolgedessen war seine Sprache, wie die jedes wahren Künstlers, nicht verwechselbar. Sie war von hoher, poetischer Schönheit und von männlicher Grazie. Schrieb er, so übte er die hohe Kunst der Distanz aus, die den Gegenstand entfernt und ihm Würde verleiht. Sprachlich liebte er weniger die kleinen Mittel als die großen Begriffe. Im Gegensatz zu Brecht etwa, dessen Sprache meist eine Kategorie kleiner sich gab als ihr Gegenstand, bevorzugte Jahnn die prachtvoll dahinsegelnden Dreimaster, vollgetakelt, eine schwere, kraftvolle Sprache, athletisch und sanft dazu und voller starker Substantive. Ihr Tempo ist eher mit andante, ja mit largo zu benennen als mit allegro. Seine Sprache gewann gegen Ende seines Lebens dazu eine hohe Versachlichung, fast eine Verwissenschaftlichung.

Nordische Melancholie, gefiltert, von Trollen durchflüstert und mit sehr genauer, fast gezierter Umständlichkeit aufgeschrieben, das gibt einen eigenen Wert zwischen Granit, Nebel, Barlach, Pferden, Schiff, Mann und Blut. Ihm schien eine andere Welt, eine nicht beschreibbare, mythische, die real vorhandene, während die reale Welt ihm nur als Nebenfach galt. So schrieb er seine höchst besondere, fast barocke Sprache mit neuartigen Chiffren zwischen Rausch und Zucht, zwischen Wildnis und Ding, mit den nordischen Valeurs eines Fremdlings, gewissenhaft artikuliert im Zeitbrei der Vereinsamung. Seine Sprache war ohne Maske. Sie zeigt ihn, wie er war, als einen tragischen Fremdling im Nebel.

Und er hielt seine Sprache hoch, damit sie keine Berührung mit der Straße habe, nicht beschmutzt werde, besonders heute, da die deutsche Sprache allgemein verfällt. Stehen wir nicht einem wahren Sprachjahrmarkt gegenüber, durchlärmt von Landseridiomen, Ganovenbegriffen, Propagandaslang und Geschäftsfloskeln, alibibrav, nicht belangbar, durchschrien von schaumigen Reklamephrasen, amerikanisch frisierten Slogans, korrumpiert durch das armselige Papierdeutsch banaler Politiker und ihrer Meinungsapparate, durchschluchzt vom sacharinsüßen Schnulzenjargon und durchsungen von der Lüge, die Geschäfte macht? Wirklich, wir befinden uns geradezu in einer katalaunischen Schlacht der Sprache. Niemals sind mehr Denksysteme, Erlösungslehren und politische Sprachfronten aufeinandergeprallt als heute im tosenden Sprachenchaos Europas. Beide Kriege hinterließen Halden von Worttrümmern, Schlagwortreste, Angstrufe, verendende Jubelrelikte, früh verfallene Redensarten des Sieges, verstümmelte Losungen und schlafende Parolen, die ihrer Wiedererweckung harren.

Der Szeniker Jahnn war kein Errechner von Wirkungen. Bühnenfremd, doch mit viel Ahnung, schuf er Szenen ungewöhnlicher Art bis hin zur Skurrilität. Doch stand er der heute so hofierten Gruppe der Nachhut-Absurdisten fremd gegenüber. Seine »Medea«, sein »Chatterton« sind großes Drama, während jene Absurdisten ihre grauen Gartenlauben aus dem Trauma mit der alten, ehrwürdigen Verschockung und mit gekonnter Symbolschlosserei vor dem Untergang noch fingerfertig montieren, Sackgassenromanzen, Allegorien der Selbstbeweinung, Warten auf die Stunde Null mit Symbol-Hybris.

Jahnn hat auf dem Theater einen gewaltigen Atem, der bis zur großen oratorischen Aussage reicht. Ungleich jenen zahlreichen, literarischen Eiertänzern der Nichtaussage, stand er hinter jedem Wort seines Werks. Hinter jeder Szene, hinter jeder Rolle, kaum verhüllt stand Jahnn in ganzer Person auf dem Theater. Und von den deutschen Intendanten war es gerade der Leiter dieses Hauses, der mit entscheidender Wirkung ihn aufgeführt hat.

Wir haben die Person betrachtet und die Sprache. Es bleibt uns das dritte Element zu betrachten, die Welt, in der er sein Leben verbrachte. Dann ist die dreisätzige Aufgabe dieser Niederschrift beendet:

Seine Welt hieß Hamburg. Hamburg ist eine vielgeliebte, schöne Stadt ...

Aber die Welt besteht nicht nur aus Hamburg. Jahnn lebte in der Bundesrepublik. Er, der radikale Pazifist, sah mit Sorge eine Entwicklung heraufkommen, die ihm Angst einjagte. Er sah die alten Befehlshaber die alten Befehle geben. Er sah die neue Jugend gehorchen. Er hatte wie so viele Angst vor dem Militarismus, der breitbeinig und stiernackig immer wieder von den Deutschen Opfer, Geld und Kasernen verlangt und erhält. Er sah die alten blutgewohnten Automatismen, er sah die Meister des Boykotts an der Arbeit, die Rufmordstrategen des Kalten Krieges, den er als Wahnsinn, als Rückfall ins Primitive ansah. Seine Arbeit galt der Entspannung, der Auseinandersetzung mit den Ursachen der Veränderung, den großen Gesetzen der Entwicklung der Menschheit.

Die größte Gefahr sah er – wie so viele – in der Vorbereitung des Atomkrieges. Ihn radikal zu verhindern, hatte er sich für seine Arbeit als Ziel gesetzt, und während der letzten Jahre sprach er in vielen politischen Versammlungen gegen die Bombe.

Die Welt, die er verließ, befindet sich in voller Umwälzung. Der Mond ist erreicht. Die Welt ist zweigeteilt. Schwärme von Königen wurden verjagt. Kriegsschiffe, eben erst aufgebaut, veralten, Bomber werden kaltgestellt. Schwüre verwelken. Grundbegriffe, bisher heiliggehalten, werden altes Eisen. Kontinente erwachen, ein Volk nach dem andern steht zornig auf in der Welt und befreit sich. Häuptlinge studieren Technik. Wo Dschungel war, entstehen Schulen. Wo Wüste war, wachsen Fabriken. Die man Wilde nannte, werden Lehrer. Millionen Kulis, Kameltreiber, Indios und Peone werden Fabrikarbeiter, Ströme werden umgeleitet, Landschaften umgebaut. Hinter allen Horizonten erheben sich rauchend neue Industrien, und die farbigen Völker der Welt lernen lesen. Sie lernen sehr rasch das ABC der Zukunft.

Und was lernen wir?

Die größten Feinde des Lernens bei uns sind jene gesichtslosen Tabu-Giganten, die Missbrauch der Macht heißen, Dummheit und Unduldsamkeit, die ihre Kraft aus Millionen von Unterlassungen ziehen und deren Sog immer mehr Unterlassungen vom Einzelnen erzwingt. Unser Dichter kannte sie genau. Er machte sich keiner Unterlassung schuldig. Er war ihr hartnäckiger, ihr besessener Feind. Darum schlugen sie ihn und sie trafen ihn schwer, denn hierzulande sind sie besonders stark, haben sie doch soeben eine große Zeit der Kräftigung hinter sich, in der sie mit Strömen von Blut getränkt und mit Hekatomben von Opfern gefüttert wurden, diese gesichtslosen Ungeheuer, die uns umstehen und schon wieder schmatzend Hass predigen.

Er ist ihnen entgegengetreten im Namen der Vernunft, Hans Henny Jahnn. Er war nicht allein. Er hatte Verbündete. Es gibt unzählige, ja Millionen Verbündete in der Welt und in Deutschland. Das macht Hoffnung.

Hier war ein Mann, der seine Sprache als Botschaft in die Welt schickte wie Noah seine Taube. Hier ist eine Klage, eine Anklage. Hier ist ein Werk. Bücher liegen vor. Hier ist ein Leben. Freunde stehen an seiner Stelle und sprechen von ihm. Und wir hören seine Stimme rufen: »Ich hab's gewagt ...!«

Er hat es gewagt. Er hatte Mut. Er kämpfte.

Und er kämpfte den großen Kampf, der heute in der ganzen Welt ausgetragen wird, den Kampf um die Befreiung des Menschen, um Menschlichkeit.

Was ihn auszeichnete, war, dass er als Dichter kämpfte. Was ihn auszeichnet ist seine Bedeutung als Dichter.

Er hat gelebt. Er lebt. Wir danken ihm.

Von der Wahrhaftigkeit des Realismus

Die Aufgabe des Schriftstellers in Deutschland ist die Aufgabe des Schriftstellers in der ganzen Welt. Sie heißt Wahrhaftigkeit, und es ist eine dreifache Wahrhaftigkeit.

Unter Wahrhaftigkeit verstehe ich die Wahrhaftigkeit des Schriftstellers seinem Gewissen gegenüber; die Wahrhaftigkeit der Welt gegenüber, so wie er sie sieht; und die Wahrhaftigkeit im einzelnen Satz, den er niederschreibt.

Es ist also die Wahrhaftigkeit in Impuls und Kontrolle. Der Streit zwischen zeitgebundener Dichtung und zeitloser Literatur ist nach meinem Ermessen unerheblich, da die Entscheidung über Werke, die länger leben werden als die anderen, nicht von uns getroffen wird. Überdies haben Vertreter beider Disziplinen kostbare Werke geschaffen, sei es Rilke auf der einen Seite oder Shaw auf der andern. Nur sehe ich in der zeitlosen Literatur, die bei uns einen außerordentlichen Umfang angenommen hat, gerade dieses Umfangs wegen, eine Gefahr, da hier eine Quantität in eine Qualität umschlägt. Angesichts der enormen Erhitzung des öffentlichen Lebens, die durch den Ost-West-Konflikt in Deutschland besteht, wird jeder Satz eines Schriftstellers mit Auslegungen belastet, die manchmal die Öffentlichkeit verwirren und gelegentlich auch den Schriftsteller, so dass er sich nach schlechten Erfahrungen mit publizierten Heftigkeiten in der Kritik gern auf die anonyme Region eines poetisch konturierten Traumspiels zurückzieht, ins Unbelangbare. Zu den echten Irrealikern haben sich zahlreiche literarische Eskapisten, oft von einigem Format, gesellt, die des Haders einfach satt sind, aber auch Schriftsteller, die ihr dünnes Blut mit dem Wortbrokat einer Preziosität garnieren, damit ihre Schwäche nicht erkannt wird. Es sind jene, deren sprachliche Bilder stets einige Nummern zu groß ausfallen. Sie verbrauchen alle großen Worte, sie vergleichen über ihre Verhältnisse.

Im Parlament der Literatur zeichnen sich bei uns im Wesentlichen zwei Fraktionen ab, die eine ist die der eben gekennzeichneten Irrealität, in der unzählige Mystagogen, Eskapisten, Epigonen, aber auch echte Poeten befinden. Es ist ihnen eines gemein, die Abneigung gegen den »hündischen Realismus«, und der Realismus ist es, der die zweite Fraktion darstellt, und diesen Realisten, Reportern und Poeten ist die Abneigung gegen die andere Fraktion gemeinsam.

Ich sprach vorhin über die Gefahr, die das Anwachsen des Irrealismus gerade bei uns bedeutet.

Die Neigung zur teigigen Undeutlichkeit, zur verschwimmenden Kontur, zur hüftbreiten Blutduselei mit Naturrausch, die ein Kennzeichen unserer Literatur sind, wird bei uns nicht allzu oft durch einen Hang zum Scharfsinn kompensiert. Da das, was manche Schriftsteller mit der Seele im Blick als »Herz« bezeichnen, Hirnrinde ist und bleibt, so ist es Zeit, literarische Sprachgebräuche abzuschaffen, die unter dem Staub des Jugendstils lieb schimmern. Die sprachliche Adresse war falsch, da der Adressat, die Empfindung, einen Stock höher wohnt, wie wir heute wissen. Es gibt eine Art von Dichtung, die sich der Vernunft schämt.

Die essentielle Wahrheit, die Wahrhaftigkeit, mag sie scharf klingen, sie tut uns heute mehr not als die ehrenwerte Tradition des Vagen. Denkerische Klarheit, reine Sprachkonturen sind heute notwendiger als morsche Schreibkonventionen, die immer noch einmal aus abgenutzten Begriffen Funken zu schlagen versuchen. Die Jugend verlangt nach Vor- und Zunamen eines Begriffs, sie zuckt die Achseln über das hypertrophierende Rampenherz und über die joviale Verlogenheit gewisser Mittelstandsdichter, die nicht müde werden, falsche Adressen zu schreiben. Ihre Briefe kommen nicht an.

Aus den trüben Abwässern des Dammbruchs aus Literatur und Blut, die sich heute verlaufen, tauchen unerhört neue Möglichkeiten der Kunst auf. Lasst uns nicht Sedimente aufwühlen, lasst uns emporsteigen. Es warten die Möglichkeiten einer neuen Entwicklung auf uns, präzise Strahlung, Reichtum der Form, nie geahnte Schönheit, erregende

Inhalte. Diese neuen Möglichkeiten öffnen sich dem, der sich endlich der Vernunft zuwendet, jenem struppigen ausgehungerten Wechselbalg der deutschen Literatur, der so oft verachtet wird, indes der deutsche Traum gewaltig die Türe füllt, mit goldenen Vokabeln behängt, von tausend billigen Skribenten an den Tisch geladen, umprostet und bedienert und Millionen süß berauschend.

Jene neuen Möglichkeiten sind natürlich den alten Adoranten des »Herzens« versagt, unter denen sich so viele liebwerte Ammen der sanften Sing-Sang-Lüge befinden, melancholische Sedimentwühler mit dem Trauma. Ihr Hass gilt dem Realismus, dessen Tiefen unerforscht sind. Ihrer ist die saure Aura alles Gehabten. Seht, wie sie Thomas Mann belächeln und als literarische Fallensteller mit der Kafkamaske jedem sterilen Raffinement zunicken. Hier ist die Sackgasse komplett. Das mystische Gefühlstheater endet in der sinistren Verbreitung, im arrogant servierten Sediment, im modischen Rauschgold.

Ist es nicht vermessen, sie zu attackieren, die machtvoll in ihrem Gefühls-lala hausen, entschlossen, jegliche Absurdität, wenn sie nur dunkel, wenn sie nur undeutlich bleibt, den Traum, die Mystik, das dicke Quellherz mit ihren Feuilletons zu verteidigen, weil Irreales nie aneckt? Selbstverständlich ist es das.

Wohin sind wir gekommen? Man nenne mir einen Satz aus den großen Epochen des Theaters, dem antiken, dem elisabethanischen, den der Zeitgenosse nicht hätte verstehen können, während heute die Mystagogen narkotische Cocktails auf der Szene mixen und ihre faden Sätze mit Hilfe der Undeutlichkeit maskieren, ästhetisierende Schwächlinge des Absurden. Sie treiben den Menschen aus dem Theater.

Auf den Bühnen eines Volkes finden seine großen Auseinandersetzungen statt, zwischen Rampe und Galerie brechen seine Empfindungsstürme los. In seinen Büchern wird ein Volk bewusst und der Autor produziert mit Hilfe einer Fabel öffentlich Erschütterung und Erkenntnis. Es hat seine Bedeutung, dass zu bestimmten Zeiten in der Literatur die Assoziation so apodiktisch in den Vordergrund gestellt wird. Man kann auf diese Weise das Denken leicht in den Hintergrund abschieben. Es sind die Zeiten, in denen Denken gefährlich wird. Und was an Spannung notwendig ist, erzielt man durch Formzertrümmerung, durch sterile Formaltricks, durch das ästhetische Experiment vom Einzelfall her.

Die Geschichte lehrt, dass neue Epochen einen Reichtum an neuen Inhalten auf die Bühne brachten bei naiver Form im Beginn. Im Höhepunkt der Epoche hatte sich die Form entwickelt, so dass die Inhalte ihre Form gefunden hatten, und bei absteigender Epoche erkalteten die Inhalte während sich ein euphorisch-buntes Formenspiel entwickelte. Dieses Formenspiel versucht fast stets den alternden Inhalten durch Schockwirkung, durch Stiltricks, durch preziöse Subtilität die Zuschauer zu erhalten.

Einige Schriftsteller glauben, dass möglichst jeder Satz dem einfachen Mann verstehbar sein sollte, damit diesem die Dichtung keine Fremdsprache bleibe. Andere Schriftsteller nehmen darauf keine Rücksicht, sondern gebrauchen in ihren Arbeiten jenen höchst sublimen Stil, der nur dem Kreis einiger Kenner verständlich wird. Ihnen ist ein bisher nicht verwendetes Arrangement von Adjektiven im Gedicht, das in einige Kenner und Kritiker einen bestimmten Schauer zu transportieren vermag, wichtiger. Beide Standpunkte werden verteidigt.

Aber ich glaube, in der heutigen Situation der Welt ist es so notwendig wie nie, dass wir Schriftsteller durch realistische Schreibweise von den lesenden Menschen verstanden werden; dass wir die Literatur von den keimfreien Gipfeln des ewigen Schnees hinunter in die Täler tragen, dorthin wo unter Tränen und Gelächter unzählige Keime fruchtbarer und tödlicher Provenienz entstehen, dorthin, wo die urteillosen Massen, die bisher ohne die Führung der Dichtung dem brutalen Spiel der Politiker ausgeliefert sind, in geistiger Primitivität hausen. Eine große Tatsache dieses Jahrhunderts ist hier zu verzeichnen: Überall in der Welt, wo die neue Dichtung wirklich die Massen erreicht hat, sind die Massen in Bewegung geraten. Die Aufgabe des Dichters ist nicht, im Rahmen der Konvention zahlende Auftraggeber durch Visionen nach Maß zu befriedigen. Dichter sein heißt die Menschen bewegen, ihr Leben zu ändern.

Die Welt ist in Bewegung, und es ist heute keine Zeit, Adjektive sublimst zu arrangieren. Es genügt, sie zu komponieren, wie es in großer Einfachheit die Klassik tat. Die Dichtung muss heute mit den Massen in Kontakt bleiben, wenn sie ihre Konflikte schildern und sich einen Rest von Einfluss sichern will. Dies ist eine fundamentale Aufgabe des Schriftstellers heutzutage.

Gewiss, es ist schwierig, in einer Zeit realistisch zu schreiben, in der Maß mit Weichheit verwechselt wird, Distanzierung mit Unentschiedenheit und Würde mit jener neudeutschen »Repräsentation«, die aus Faltenwurf und Spesen besteht; es ist überaus schwierig, in einem Land, das unter dem Druck ungeheurer Atmosphären steht, zwischen zwei globalen Mühlrädern grad dahinvegetierend, voller panischer Angst und voller Fieber die Realität zu beschreiben. Umso kälter also sollte unsere Bemühung um Klarheit sein, um so gelassener unser Urteil. Keiner von uns Lebenden ist der letzte Richter, jede Hirnrinde steckt voller Irrtümer, und jeder Pulsschlag kann der vorletzte sein. Sie ist heut sehr populär, die rabiate »Unabdingbarkeit«, das voreilige Entweder-Oder.

Der Mensch von heute hat es gelernt, fast alle Konflikte so hitzig zu steigern, dass sie im Nu schießfertig sind. Er sät Vorurteile, damit Feindschaft, damit Hass, und er erntet Mord. Wer »So oder so« sagt, ballt die Faust. Aber haben wir sie nicht lange genug geballt? Kann man eine Faust überhaupt nicht mehr öffnen?

Form distanziert. Und durch die Distanz der Form gewinnt der Lesende oder Schauende notwendige Aspekte. Er lernt, die Empfindungen des anderen. Er sieht den anderen neu – von innen her. Er lernt den anderen kennen, jenes geheimnisvolle Wesen unserer Barbarenzeit, er erfährt von ihm. Eine starke Dichtung jagt eine Folge von Emotionen durch ein Volk.

Ich persönlich glaube, dass die große Zahl von Talenten bei uns und der gleichzeitige Mangel an Werken auf den Überdruck von Inhalt zurückzuführen ist, auf die gewaltige Überlastung mit Erlebnissen, mit Stoffen, mit Problemen, und auch auf eine Vernachlässigung der Formprobleme.

Dass unsere Zeit mit den literarischen Formen des bürgerlichen Säkulums nicht mehr auskommt, beweist sich allzu oft. Ich bin der Überzeugung, dass in absehbarer Zeit bei uns das unerhörte Erlebnis soweit durch die Form distanziert werden kann, dass wir einer bedeutenden Regeneration des Realismus entgegensehen können. Aber es wird ein neuer menschlicher Realismus sein, der die Tiefen des Daseins nicht auslässt.

Er kam nachts

M. strich den letzten Satz durch. Seine breite Hand, gewohnt das Skalpell zu führen, lag einen Augenblick auf dem Manuskript. Dann hob sie sich und mit einer behänden Endgültigkeit zog sie einen fadengeraden Strich auch durch den vorletzten Satz.

Besser so. Jetzt, da es auf den Höhepunkt des Dramas zuging, auf die zentrale Forderung, den großen entscheidenden Hauptsatz, musste die Steigerung der Szene rapide sein. Es musste ein kostbarer Satz werden, ins Altgold einer Sprache gefasst, die Leuchtkraft hatte, Clarté, unvergessbar, mit der sanften Emanation der Weisheit und der Diktion einer alten Fabel.

M. lehnte sich zurück. Sein erstes Drama hatte bei der Uraufführung einen bedeutenden Erfolg gehabt, das zweite wegen der rabiaten Apodiktik in These und Sprache einen Theaterskandal verursacht. Seit diesem Abend stand er gelegentlich im Mittelpunkt der Diskussion. Heftige und verehrende Briefe trafen ein. Jetzt kam für den jungen Autor alles darauf an, mit dem dritten Stück zu bestehen.

Er blickte auf. Es war gegen drei Uhr früh in einer dunstigwarmen Septembernacht. Der Aufenthaltsraum des Nachtdienstes lag im Parterre der Klinik. Eine offenstehende Flügeltür – wegen der Nachtfalter sorgsam mit dem resedagrünen Ripsvorhang verhangen – führte auf eine kleine Terrasse. Hier stand er gern um aufzuatmen. Vor einer halben Stunde war er als diensttuender Arzt von einem Kontrollgang durch die matt erleuchteten Krankensäle zurückgekehrt. Flüstern, Stöhnen, zwei Galaktit, eine Palfiumspritze und dann wieder das Manuskript.

Er musste diesen Satz finden, den Höhepunkt des Stückes, Azimut, Essenz, die Summe des zu Sagenden, und ihn danach mit randscharfer Endgültigkeit niederschreiben. Wenn in jedem Satz eine Pistole steckt, wie Sartre schrieb, so war hier eine ganze Salve vorzubereiten, eine Salve in das Gesicht aller billigen Konformität, die verlogene Elegien vor sich hin vokabelt und ihr bestens gepflegtes Nihil mit gekonnter Ausweglosigkeit der Öffentlichkeit wie Seide auf dem Markt entgegendrapiert. Kein Satz mit Spitzenkragen und Adjektivgirlanden, maniküt und gepudert etwa, nein, ein Satz eher, der wie eine frisch gedengelte Sense über geduckte Köpfe aufblinkend dahinsaust. Ja, wie mit dem Organmesser sollte er aus dem großen Frost knirschend das Unsagbare heraustrepanieren. Dieses Satzes wegen sollten die Intendanten das ganze Stück getrost annehmen oder ablehnen können.

Er hatte Angst davor, aber er bemühte sich um ihn. Er war ihm auf der Spur, dem unerbittlich wahren Satz. Begriffe schwammen undeutlich wie Tiefseewesen herauf, nahmen Gestalt an, drehten sich mit verhängtem Gesicht, zogen Kostüme, Kleider an, Worte. Er hob den Stift, um den Worten zu folgen, sie mit schwarzen Linien auf dem Papier zu verfolgen.

Plötzlich blickte er auf. Er hatte ein Geräusch gehört. Ein Kranker, der sich im Fieberwahn verlaufen hatte, eine neugierige Schwester auf der Terrasse? Vorbei! Er stand heftig auf. Er war jung, dünn und wütend. Sein weißer Kittel hing verdrückt an ihm herunter. Er stand einen Augenblick unentschlossen. Ein Gespräch mit einer Schwester oder einem Kranken – neutral, mit den Augen neben sie ins Leere blickend, oder tröstendes Schulterklopfen gar und Graubrotphrasen ... er konnte das jetzt nicht brauchen, gerade jetzt nicht. Er stand etwas nach vorn gebeugt, rundschädlig, die Ohren abstehend, mit punktkleinen Pupillen, Jähzorn im schmalen, unregelmäßigen Gesicht, das den Vogelflug kühner Gedanken verriet und rabiate Entschlossenheit. Das Licht der gelben Tischlampe reflektierte einen bösen Blitz in seinen tiefliegenden Augen.

Vor der Terrassentür musste ein Mensch stehen, einer, der ihn durch den Vorhang belauerte. Ein Fremder, wusste er. Um diese Zeit, an diesem Ort?

M. ging rasch zur Tür. Mit einer schroffen Handbewegung riss er den grünen Vorhang zurück. Die Tür stand weit offen. Einige Schritte abseits stand ein Fremder, der nicht grüßte, sich nicht regte, ihn nur ansah.

»Was wollen Sie?«

Der Fremde trat ohne Umstände durch die Tür ins Zimmer. Er war ziemlich alt, weißhaarig, gut gekleidet. – Er hatte das souveräne Gehabe an sich, das ein Leben voller Wohlstand und Erfolg mit sich bringt. In seinem gutartigen Rotweintrinkergesicht stand das Lächeln eines Zielenden, der weiß, dass er treffen wird. Übrigens kam er dem Hilfsarzt sonderbar bekannt vor.

»Was wollen Sie?«

»Das fragst du?«

»Ich kenne Sie nicht ...«

»Doch.«

»Ich verstehe nicht ...«

»Es ist Zeit, dich zu warnen ...«

»Vor wem?«

»Vor dem Satz, den du suchst.«

»Wovon sprechen Sie?«

»Von deiner Arbeit an dem neuen Stück. Von jenem Satz, der die Summe des zu Sagenden in sich schließt, jenen, den du suchst ...«

»Wer sind Sie?«

»Blick mich an, mustere mich, frage woher ich dein Geheimnis, das Nervenzentrum deiner Arbeit kenne.«

M. musterte den Fremden mit einiger Verwirrung. Was wollte der Mensch? War es ein Wahnsinniger? Aber woher konnte er wissen, was nie ausgesprochen war? Ein Erpresser? Aber was gab es hier zu erpressen? Wo war der Trick? M. ging einige Schritte zum Schreibtisch, als wolle er sein Manuskript vor dem Eindringling schützen und entgegnete:

»Ich kenne Sie nicht.«

»Du kennst mich, aber du weißt es nicht.«

»Lassen Sie das ›du‹.«

»Es gibt Niemanden auf der Welt, der mehr Recht hat als ich es zu sagen.«

»Sind Sie Arzt?«

»Nein, ich bin das, was man einen erfolgreichen Schriftsteller nennt: Sieben Millionen Gesamtauflage, in 13 Sprachen.«

»Ihr Name?«

»Später, mein Lieber. Sprechen wir von deinem Stück, von deinem Satz. Es ist Zeit, dich zu warnen.«

»Zu warnen?«

Der Fremde wölbte mit einem boshaften Lächeln seine Oberlippe. In seinen tiefliegenden Augen standen punktkleine Pupillen. Er ließ sich auf einen Stuhl sinken und antwortete nach einigen gelassenen Atemzügen:

»Der größte Feind des Schriftstellers ist er selber, ist die Suche nach dem Endgültigen, das Alles oder Nichts, die Unersättlichkeit. Wer die unendliche Welt in Sprache fassen will, ist ein Narr, oder schlimmer noch, ein Süchtiger. Am Arbeitstisch nimmt er Weltfacetten als Narkotikum, Nacht für Nacht. Wer mehr sagen will als das Hinreichende, wer mit der Wahrheit reisen will, nähert sich dem Magnetfelsen der Lüge. Es gibt keine Wahrheit. Die hochfahrende Unerbittlichkeit führt ins Schauhaus der Literatur, zu den wächsernen Leichen de la Mancha, zu den vielen billigen Märtyrern der Apodiktik. Sie wählten statt der Rosen den Lorbeer des Hochmuts, ungeliebte, bestenfalls kühl verehrte Opfer des maßlosen Anspruchs. Selbstmord oder Wahnsinn. Danke an Shelley, Lenz oder Kleist.«

»Was wollen Sie damit sagen?«

»Merkst du nicht, dass ich von dir spreche, von deinem Azimutsatz?«

»Ich werde ihn schreiben ...«

»Oder Hasenclever ... Sein herrlicher Anlauf, weit wie ein Regenbogen endete mit ›Ein besserer Herr‹ ... oder Sternheim, Lichtenstein, Dylan Thomas. Sie alle wollten die Wahrheit, ganz und sofort. Sie wollten die gedengelte Sense, den Satz, die Ewigkeit.«

»Und was wollen Sie, Herr?«

Das unregelmäßige Gesicht, rundschädlig, mit hängendem Fleisch, das noch die inzwischen müd gewordenen Spuren einstigen Vogelflugs trug, leuchtete blass und gespannt im Licht der gelben Tischlampe. Auf die Frage hin erlosch es. Dann begann es sich erneut aufzuhellen, aber verändert, mit dem trüben Glühen eines fernen Lampions. Der Fremde lächelte dünn:

»Ich habe mich für den Erfolg entschieden.«

»Ich verstehe nicht ...«

»Es begann mit der Verachtung für die Menschen, die ich immer mehr empfand, für die schmatzende Masse mit Gruppenjubel und Gruppenwut, die sinister gefertigte Rattenfänger-Literatur verschlang und jedem modischen Flic-Flac auf dem Theater applaudierte. Die Totengräber verkleideten sich als Harlekins und wurden von der allgemeinen Angst umdienert. Lohnte sich das alles? Hat nicht jeder von uns nur sieben Jahrzehnte bestenfalls? Das ungefähre Quantum Atem ist also bekannt. Die Atemballons werden für jeden täglich kleiner. Ich begann meine Ziele herabzusetzen. An die Stelle von Ewigkeit und Welt setzte ich das Heute und Hier auf den Thron meiner Prosa. Die Ofenwärme der Verkaufserfolge half mir über die vergessene Sendung hinweg. Mein Leben begann leicht zu werden, viril, unzerquält, ich abonnierte das Lächeln. Wie bei jeder Entscheidung nach unten hin, stellte sich Zynismus ein, den ich als Ironie aufputzte und in die Romane gab. Ich wurde reich. Ich führte eine Traumexistenz. Lange lebte ich auf einer 30-Meter-Yacht auf der glasblauen Dünung des Mittelmeers. Auf der Terrasse meines Hauses lachten abends goldbraun gebrannte Frauen über der Brandung ...«

»Und er zeigte ihm die Schätze der Welt ... Sie sprechen wie der alte Versucher.«

»Vielleicht bin ich es. Er wohnt in jedem Kopf. Auch in deinem. Dies wird dein drittes Stück. Willst du nicht endlich deine selbstherrliche Attitüde aufgeben? Du bist über dreißig! Es wird Zeit für Skepsis. Wer die Welt für ein Irrenhaus hält, wird zum Optimisten, denn er kann nie enttäuscht werden. Wer die Gemeinheit als Norm erkennt, freut sich über jede Ausnahme. Lass endlich die Hände von diesem Satz. Wer unerbittlich schreibt, wird unerbittlich misshandelt. Sage nichts, aber das mit Formschocks. Dann bist du nie belangbar zu machen. Lass die Hände von diesem Satz!«

M. stand dem Fremden gegenüber, verwirrt, er hatte ihm zugehört. Dieser Mann hatte Dinge ausgesprochen, die ihm selber kaum bewusst geworden waren. Wer war er?

Der Fremde trat auf ihn zu. Unter seinem dicklichen Gesicht wurde die Ähnlichkeit mit dem hageren Antlitz des jungen Autors immer größer. Es waren fast die gleichen Gesichter, nur schien der Schnee der Alterung und des Wohlstandes die Ecken des alten Gesichts gerundet zu haben, die frühere Kühnheit lag verschneit.

»Ich gehe, junger Adler. Aber vergiss nicht, die Landschaft unserer Literatur ist besät mit gefallenen Adlern.«

»Es gibt auch die Niederungen der Konsumliteratur darin und die Ameisenzüge ihrer hurtigen Verfertiger!«

»Selbst im Vergleich noch maßlos: Zwischen Adler und Ameise existiert fast die ganze Fauna.«

»Ich bleibe bei meinem Satz.«

Der Fremde schritt zur Tür, wandte sich um und musterte den jungen Arzt genau. Mit einem Lächeln eines Zielenden, der anlegt, meinte er:

»Wir alle haben mit Sprengstoff angefangen. In unserer Jugend waren wir alle Attentäter. Den Satz hat noch nie einer vollendet. Auch du wirst ihn nicht schreiben ...«

»Das weiß niemand.«

M. ging auf den Fremden zu. Er erkannte, dass sie beide die gleiche Größe und die gleichen Bewegungen hatten. Der Fremde stand auf der Terrasse, und erwiderte kaum vernehmbar:

»Doch, ich weiß es. Ich bin jener, der du in dreißig Jahren sein wirst ...«

M. betrachtete ihn nachdenklich. Dann sagte er:

»In jedem Schriftsteller stecken zwei Naturen, die eine folgt der Verführung, die andere leistet Widerstand.«

»Sie folgen einander. Mit dem Widerstand beginnt jeder in seiner Jugend.«

»Nicht immer. Wären Sie als ausgezehrter Flüchtling erschienen, noch glühend, aber entnervt, so wäre ich vielleicht zurückgeschreckt. Aber Sie haben mir die schwächere Möglichkeit gezeigt, das Ergebnis der großen Verführung. Das hat mich immun gemacht.«

Der Fremde blieb noch einmal stehn und blickte plötzlich ermüdet zurück:

»Und warum?«

»Die Wahl zwischen Verführung und Widerstand kennzeichnet jedes Leben. Ein Mann, wenn er sich selber als Dreißigjähriger und als Sechzigjähriger begegnete, würde sich selber kalt in die Augen blicken. Niemand kann sich am Ende seines Lebens selber sehn. Dass wir die nächste Minute nicht kennen, ist vielleicht die einzige Gnade auf der Welt. Du hast mir ein Geschenk gemacht. Du hast mich gewarnt. Du hast mir die klassischen Schätze des Lebens vorphantasiert und schleichst als grauer Zyniker davon. Ich habe begriffen. Ich werde unverführt den Satz schreiben, den wahren Satz.

M. stand in der Terrassentür, dünn und vorgebeugt. Er hatte mit heftigen Bewegungen gesprochen, dass der offene Arztkittel im Morgenwind flatterte. Er hatte einen piratenhaften Triumph in der Stimme. Er hatte sich selbst als alten Mann gesehen. Das ist ein Geschenk unter den Menschen. Er hatte sich nicht gefallen. Aber es blieb ihm die Alternative. Das machte ihn kampflustig. Er sah in der Gruppe der vier Birken, die die kleine Terrasse überragten, das rieselnde Geflirr der Blätter im Frühwind, wie Goldmünzen aus Papier im Traum hochgeworfen und in das silberne Astwerk gebannt. Der Himmel wurde hell und safrangelb.

Der Fremde löste sich auf, er vergreiste zusehends, seine Augen wurden starr und uralt. Dann verloren sie den Blick. Der Kopf fiel seitlich auf die Schulter. Zuletzt verlor das schiefe Rotweingesicht des alten, dicken Mannes seine Konsistenz. Ein frischer Wind eilte achtlos über die Terrasse und nahm den mannshohen Nebel mit. Die vielfältig blinkenden Birkenblätter raschelten unbeirrt. Birken kennen keine zwei Naturen.

Der junge Arzt wandte sich um und setzte sich erregt an den Tisch. Er hob die Feder. Er würde den Satz finden, den Azimut, die Essenz, die Summe des zu Sagenden. Jetzt würde er ihn finden, jetzt, denn er hatte sich selbst ins Gesicht geblickt, in sein eigenes, gealtertes Gesicht. Er hob den Stift.

Es klopfte.

Die Tür ging auf. Die alte Schwester Erika stand wie ein vergnügtes Pferd mit Brille in der Tür und fragte:

»Darf Herr Bach wirklich aufstehen?«

»Macht er Schwierigkeiten?«

Sie nickte.

Er verließ mit ihr das Zimmer.

Im Nachtwind hob sich ein Blatt des unbeschriebenen Papiers ein wenig. Es schimmerte weiß und leer.

VII. KIOSK

Kiosk

Kleines dickes Nonnengesichtchen –
im Zeitungskiosk am Boulevard St. Michel
lugst du verschmitzt durchs Schiebefenster
und pustest die weißen Strähnen beiseite.

Ja, du sitzest, rosige Nonne der Nachricht
in der Gazettengrotte und kassierst Münzen
wie dicke Falter lässt du die Blätter zu Fremdlingen
fliegen, die Inserat und Artikel
in die ausgerissene Rocktasche schieben
und eine Caporal an der Lippe sich trollen.

Kleines dickes Nonnengesichtchen –
handgroß, vergnügt, mit weißer Mähne
wirfst du Regierungskrisen, Rüstung und Mondfinsternis
dazu einen Regen von Selbstmord, Taifune der Angst
Katastrophen und Panik flott aufs Tablett
mit den munteren grauen Händen der Greisin
und krähst heiter die Preise.

Hirtin der Morde, Parze der Schlachten
Amme der Epidemien, Eres der Parlamente –
lustig säst du die Nachricht und lustig die Bilder
von Moden, Brüsten und Domen
und die politischen Visagen, du säst sie in
Millionen Netzhäute und kassierst.

Kleines dickes Nonnengesichtchen –
dann aber watschelst du munter ins Bistro
und schüttelst den Kopf über die wilde Welt,
indes die Lichtreklamen des Boulevard St. Michel
deine Stirn wie ein seidenes Band so glatt
und rosig über den Bratkartoffeln erleuchten ...

Notiz vom Lachen

Als damals die neue Regierung ans Ruder kam, erwarteten wir alle etwas Besonderes von ihr. Sie werden sich entsinnen, dass wir zu jener Zeit alle unter gewissen Befürchtungen litten, unter Angst sogar. Es herrschte in der Öffentlichkeit geradezu eine schlechte Stimmung. Es wurden wieder Rationen eingeführt, Bezugskarten für Kohle, Hüte und Kritik. Wir saßen in den Kaffees und schimpften beim Schachspiel vor uns hin und vor der Terrasse gingen die Passanten schimpfend vorbei, und die nicht schimpften, blickten todernst vor sich hin. Das konnte natürlich nicht so weitergehen.

Und dann führten sie die Lachkarte ein. Wir glaubten in der Zeitung nicht richtig zu lesen. Wir lasen, dass die Regierung mit schwerer Sorge das Verschwinden oder eine Verwilderung des Lachens, z. B. die Entartung in Hohngelächter usw. beobachtet und sich zu wirksamen Gegenmaßnahmen entschlossen habe. Die Lage sei ernst. Jedes Lachen sei beschlagnahmt. Von heute ab gebe es nur noch regierungseigenes Lachen. Die neue Lachkarte sehe für den Kopf der Bevölkerung wöchentlich ein großes Gelächter am Sonntag vor, dazu drei kurze Gemütsschmunzler werktags auf E-Abschnitt. Auch seien alle öffentlichen Institute wie Funk, Fernsehen, Theater und Film angewiesen worden, positive Heiterkeit zu verbreiten. Wer von der Lachkarte keinen Gebrauch mache, werde zum Dauerlachen auf unbestimmte Zeit in fröhliche Häuser verbracht. Andererseits seien Lachkontrolleure ständig unterwegs, um ein etwaiges Schwarzlachen zu bekämpfen. Für Hunde seien kleine Lederhülsen vorgesehen, die ein Wedeln des Schwanzes verhinderten und nur zu bestimmten Zeiten abgenommen werden dürften, zu denen ein freies Wedeln gestattet sei. In öffentlichen Lokalen, Eisenbahnen und Flugzeugen seien Gesichtskontrollen geplant.

Dies war eine mutige Aktion unserer Regierung, und wir waren von ihr begeistert. Endlich sollte die allgemeine Schwarzseherei, das bittere Lachen und jederlei Hohn- oder Verzweiflungsgelächter aufhören. Als der dicke Textil-Meyer im Kaffee die Zeitung mit der Lachverfügung der Regierung sinken ließ und beinahe am Marmortisch vor Erschöpfung starb, so blau hatte er sich gelacht, blickten wir ihn alle ernst an, sehr ernst, muss man eigentlich sagen. Der dicke Meyer wurde sofort ernst, sehr ernst. Ihm wurde plötzlich bewusst, dass er bereits ein großes Sonntagsgelächter verbraucht hatte und zwar als ausgesprochenes Hohngelächter, daran gab es nichts zu deuten. Er schob sein Gebiss zurecht, stand verwirrt auf und floh mit einem falschen Hut. Wir sahen ihm mit Misstrauen nach, das sich übrigens wie jedes Misstrauen rasch herumsprach, sich hielt und später dazu beitrug, ihm jeden Bankkredit zu sperren.

Nun begann der Kampf. Die Verfügung wurde mit großer Energie in der Öffentlichkeit durchgeführt, und schon nach vier Wochen zeigte sich deutlich die Wirkung. Aus den Lautsprechern drangen positive Lachsalven über das Land. Wenn etwas rationiert ist, werden die Leute begierig darauf, das ist bekannt. Selbst die düstersten Sauertöpfe begannen zur Stunde, an denen im Radio dazu aufgefordert wurde, ihr großes Sonntagsgelächter zu verbrauchen und auch die dreiwöchentlichen Gemütsschmunzler ließen sie nicht aus. Allmählich zog eine öffentliche und reglementierte Fröhlichkeit ins Volk ein. Aber sie machte den Leuten nicht den rechten Spaß. Lediglich die Regierung hatte ihre Freude daran.

Sie gab sich übrigens bei der Aktion große Mühe. Saure und müde Gesichter zu zeigen war strengstens verboten. In vielen Ausführungsbestimmungen wurden die Gründe zum Lachen genau reglementiert. Es wurden nur ethisch saubere und hygienisch einwandfreie Gründe zugelassen, sodass das Volk sozusagen keimfrei lachte. Jedes wilde, schmutzige, bittere und höhnische Gelächter wurde scharf bestraft. In Lachseminaren lehrten Komiker, Conférenciers und Generäle die rechte Art sauber zu lachen und dabei ein Taschentuch vor den Mund zu halten.

Nach einiger Zeit hatte sich das regierungseigene Lachen allgemein durchgesetzt. Unser Volk hatte sich rasch daran gewöhnt, sämtliche Vorschriften beim Lachen zu beachten. Ein starker Optimismus machte sich im öffentlichen Leben bemerkbar. Man vergaß direkt die schlechten Geschäfte, den Andrang in den Suppenküchen und die hohe Zahl der Selbstmorde, denn im Rundfunk war man stets heiter.

Dann trat ein gewisser Missstand zu Tage. Das Schwarzlachen. Und hier sah man wieder die alten zersetzenden Kräfte emsig an der Arbeit, die Arbeit der Regierung zu unterwühlen. Man benutzte die Unzufriedenheit niederer Bevölkerungsschichten zu heimlichen Hohngelächtern in den Hinterzimmern. Man peitschte die Frauen auf, sodass einigen von ihnen bei ihrem großen Sonntagsgelächter die Tränen über das Gesicht liefen. Das bittere Lachen fand vor allem im Dunkeln Verbreitung, wenn die Gesichtskontrolleure nur schlecht arbeiten konnten, kurz, es entstanden unhaltbare Zustände, denn das schwarze Lachen nahm bald riesige Ausmaße an.

Und dann verbreitete sich eine böse Methode, die von den Unruhestiftern angewandt wurde und überall Verbreitung fand. Man begann damit einen Mann oder einen Zustand auszulachen. Man lachte den Bürgermeister aus, was immer er tat. Und er verschwand. Man lachte den Präsidenten aus, was immer er tat, und er verschwand. Man lachte die Regierung aus, was immer sie tat, und sie brach eines Tages zusammen.

Und das ganze Volk war zufrieden und lachte wieder.

Es lachte übrigens unreglementiert.

Ballade vom Aquavit

Du Saugesöff! Der Erste macht mich speien.
Der Zweite schmeckt, wie wenn er gar nicht wollte.
Der Dritte ist als Grundgesetz von dreien
der Erstebeste, den man meiden sollte.

Recht lecker durch die Kehle rutscht der Vierte.
Beim Fünften ist die Gurgel dran gewöhnt.
Der Sechste hat die Einsicht ausgesöhnt,
die anfangs die Begierde irritierte.

Jedoch der Siebte. Besser wärs zu schweigen –
Er macht so kühn, genialisch, und man glaubt dann
man gliche Grabbe oder Gerhart Hauptmann
und man zitiert Homer als durchaus eigen.

Beim Achten muss man vorsichtshalber zahlen
Man meckert über Weisenborn und Brecht
Man findet die Dreigroschenoper schlecht
und ganz zu schweigen von den Illegalen.

Und ist ein Dutzend (Pilsner in Begleitung)
des Saugesöffes unters Hemd gebraust,
dann trifft man einen Kritiker, dems graust
und der verreißt dann das Talent per Zeitung.

Die Galionsfigur

Sehr rosa, doch vom Biss der Ratte
zerfressen, weil sie lang schon fuhr,
so schwebt am Steven der Fregatte
die große Galionsfigur.
      Hundertzwanzig, na hundertzehn?
      Wer bietet mehr?
      Für glatte Hundert kann se mit Sie gehn!

Salz glänzt in den gemalten Haaren,
die Augen sind zwei Nägel nur.
Unter sechs Segeln ist gefahren,
die große Galionsfigur.
      Achtzig? Sechzig!
      Na, wer bietet ... ein Weib außerdem, mit goldener Farbe
      hat alles, hier und hier und ist verdammt bequem.

In tausend Stürmen lachte sie.
Und ist sie müde? Keine Spur!
Stolz kam sie über's Meer geflogen,
hier, die große Galionsfigur.
      Na fuffzig? Dreißig!
      Jetzt ist sie da! Hier wird sie versteigert
      und zittert, weil keiner sie kauft.

Soll sie denn in die Tiefe fahren,
umglänzt von vieler Fische Spur,
mit Tränen hoch zum Himmel starren?
Leute kauft die tote Galionsfigur ...!
      Zwanzig? Zehn!
      Siehste, alte Meerestante, jetzt ist Feierabend.
      Jetzt wirste verhackt als Brennholz, aus! Tschüs.

Bei Betrachtung dreier Bilder

Zilles Gören und ein Prinz in Spanien, welch eine dialektische Tiefe wird sichtbar. Kleiner Leute Kinder, ungepflegt im Regen, ein Weihnachtsschaufenster sehnsüchtig bestaunend. Welch ein märchenhafter Glanz! Aber welch ein anderer Glanz im Palast des Prinzen, real, mit Sessel, Brokat und Seide, und darin einsam ein Kind. Kontrast zweier Welten, die auch heute noch existieren. Aber fast dreihundert Jahre dazwischen.

Die saloppe, listige Meisterzeichnung aus Berlin und die klassische edle Malkunst aus Spanien: Gibt es die letztere überhaupt noch?

Was alles ist in den dreihundert Jahren dazwischen geschehen? Haben sich die Künste, hat die Welt sich so entscheidend verändert? Jeder weiß die Antwort. Und blitzartig taucht für viele heutige Menschen die Frage auf: Hat sich die Menschheit eigentlich weiterentwickelt? Diese Bilder verführen zum Nachdenken.

Die feine Schönheit des Hofmalers Velasquez hat kaum die unzähligen Kinder gemalt, die in Spanien außerhalb der Höfe existieren mussten, und der harte Strich unseres Zille hat nicht die Kinder der Mächtigen von heute, der modernen Goldmoguln, gezeichnet.

Aber die Kontraste existierten damals wie heute, wenn man auf die Hintergründe achtet und wenn sich auch die Grundbegriffe von Raum und Zeit für uns erweitert haben. Dies zeichnet eine folgenreiche Veränderung unseres Weltbewusstseins ab. Die neuen Begriffe von Raum und Zeit haben die Denkweisen in der Welt verändert. Man überfliegt den Raum und damit die Zeit, die beide für viele Menschen immer enger werden.

Wenn in Asien ein Ereignis geschieht, so erfahren wir räumlich und zeitlich sehr bald davon. Ein Putsch in Panama, eine Demonstration in Japan, unser Weltbewusstsein apperzipiert es sofort. Auch historisch wurde unsere Bewusstseinsschwelle enorm erweitert durch neue Entdeckungen oder auch durch Sekundärliteratur, die die Quellen zielsicher auswertet. Man denke an die Schwemme gewisser Taschenbücher, die gelegentlich Dissertationen ähneln. Durch die genauere, exakte Historie lernt die Menschheit kennen, was sie bisher getan hat, um ihre Fehler für die Zukunft nicht zu wiederholen. Der Aufstand der Aufklärung hat heute einen neuen dialektischen Schub bekommen und schafft fortschrittliche Denkstöße, die z. B. technisch, medizinisch oder soziologisch ein neues Jahrhundert ankündigen.

Die Neurokybernetiker haben in der Erforschung des Gehirns solche Fortschritte gemacht, wie es seit Jahrtausenden nicht möglich war. Die Verhaltensformen des Menschen werden ebenso erforscht wie die Denkweisen. Die Menschheit wird immer bewusster.

Aber wie steht es mit der Ethik, mit der Moral?

Hier ist nun wenig Fortschritt in der Cortex zu verzeichnen. Auch der frühe Mensch entwickelte diese Begriffe später als seine Urinstinkte, die Reflexe der Angst und der Verteidigung. Die Moral kam nach, und selbst heute noch geht sie nach, wie viele Lebende feststellen können.

Neue Gefahren sind gegenwärtig aufgetaucht. Darum ist der Angstinstinkt wach geblieben, ebenso wie andere natürliche Reflexe, die überall Gefahr wittern und das blutigste Jahrhundert der Geschichte schufen.

Hat sich die Menschheit also weiterentwickelt?

Der kleine Prinz blickt skeptisch aus dem Bild, die Zillekinder starren ungläubig in den Weihnachtsglanz des Schaufensters, und neugierig sieht sich der Picassoknabe diese Welt an.

Auch der nachdenkliche Betrachter der Bilder zögert bei der Antwort: Für den einzelnen Menschen hat sich gewiss vieles verbessert. Er ist nicht mehr leibeigen. Er lebt meist länger. Er hat Fernsehen, Auto und Kühltruhe. Aber eine alte Krankheit der Menschheit hat sich verbreitet: der Hass auf abweichende Meinungen und andere Rassen, blutbesudelte Vorurteile schleichen immer noch von Haus zu Haus. Dazu zählen auch die Massentötungen unseres Jahrhunderts und der Missbrauch der Macht. Nein, verbessert hat sich die Welt noch nicht.

Aber desto erregender ist es, die Hintergründe dieser schönen Bilder miteinander zu vergleichen. Heute betrachten wir sie – von heimlicher Angst unterwandert – mit dem skeptischen Blick des modernen Menschen. Zweierlei Kinder sind aus dem Anfang dieses Jahrhunderts, eines lebte vor dreihundert Jahren, wir aber gehen dem Ende unseres Jahrhunderts entgegen.

Picasso mit seiner Auswegsuche, für die das schöne Künstlerkind ein Beispiel sein mag, erweckt weniger Weitsicht als der große Velasquez, der in der Tiefe eine Welt gekennzeichnet hat, eine Welt von damals. Wir sehen, dass der Meister viel Zeit hatte, kostbare Ruhe, dass er genauestens malte und dass ein Palast nur ein kleiner leuchtender Raum im dunkel erschütterten Spanien war.

Auch die Zillekinder stellen eine Welt dar. Sie zeigen unsere Welt und ihren Traum von Licht, Legende und Hoffnung. Aber wie weit ist sie entfernt von den Kindern! Ein hartes Schaufenster trennt sie, und einen Engel können sie nicht kaufen.

Die Thunfische von Bakar

In Jugoslawien gibt es nicht weit von der Hafenstadt Rijeka eine kreisrunde Bucht. Es ist die berühmte Bucht von Bakar, von Felswänden und Wäldern umstanden. Die Straße führt ziemlich hoch in die steilen Berge, so dass man, sie verlassend, am Ende des Kreises zwar am anderen Ufer, aber nicht weit von jener Stelle ist, an der man die Rundfahrt begann. An den Ufern sieht man häufig hohe leiterartige Gerüste, die weit über das Wasser hinausragen. Oben hockt ein Wächter, der das Wasser unter sich mustert. Diese blaue und tiefe Bucht zieht zu bestimmten Zeiten Herden von Thunfischen an.

Wird ein nahender Schwarm dieser riesigen Fische beobachtet, so fahren die Netzboote aus und versperren ihm den Rückzug ins offene Meer. Die Netze langsam zusammenziehend, treiben sie die sich drängenden Opfer vor sich her, dorthin, wo bereits die Todesboote warten. Und dann beginnt das Wasser sich vom Blut wimmelnder, sich bäumender Tiere rot zu färben, die unerbittlichen Netze lassen keinen der verzweifelten Fische entkommen, die springen und tanzen, aber sie schlagen nur gegen ihre um sich schlagenden Gefährten oder gegen das Holz der Boote. Sie werfen sich zuckend, vom Beilhieb getroffen, hoch in die Luft. Man sieht ihren tollen Zorn in den aufschnellenden nackten Leibern. Ihre großen, verzweifelten Augen sind von Blut überschwemmt. Allmählich werden die riesigen Tiere stiller, bis sie als zitternde, sterbende Masse schieferfarben im rotgeäderten Wasser treiben und von den Fischern mühsam an Bord gezogen werden.

Immer wieder dringen neue Herden in die Bucht von Bakar. Immer wieder erschallt der Jagdruf der erregten Wächter von den hohen Leitern, auf denen sie, vor der Sonne geschützt, unter einer Strohmatte lagern. Immer wieder werden die Schwärme der mannslangen Tiere in den großen Tod getrieben, aber immer kommen sie wieder, die Thunfische der Adria.

Welcher rätselhafte Trieb führt sie in jene Todesbucht?

Ein Tiefseetaucher

Der Mann war jung und beobachtete genauer als viele andere. Er war Tiefseetaucher, hatte oft der Tiefe ins Gesicht gesehn und fuhr zu einem Auftrag in die USA. Er verlebte allein ruhige Tage an Bord eines Ozeaners. Er hörte die Musik aus der Bar, als er sich an die Reling des Promenadendecks lehnte. Es war ein Abend im Spätsommer. Die See dehnte sich in einer ruhigen Dünung vor ihm. Und er sah die Tiefe, die seiner Erinnerung als Taucher sich öffnete. Was er sah, faszinierte ihn.

Unter ihm öffneten sich die blauen Dome des Ozeans, deren Unergründlichkeit noch kein Mensch betreten hat. Er konnte den Boden nicht erkennen. Die Gewalt der Tiefe war so groß und so von Zierlichem dabei erfüllt, dass er sich in der Betrachtung der absonderlichsten aller Erdengeheimnisse verlor. Es war, als habe er einen anderen Stern betreten, auf dem der Wind bei weichem Frost fest geworden war. Im durchsichtigen Wind der tausend Tiefen flogen die Vögel dieses Sterns, aufflatternde Schwärme von Seepferdchen, von heiteren papageienhaften Lebewesen, deren Flossen in allen Farben spielten. Düster rauschten die Haie in Familien wie Lokomotiven des Unheils durch den Nadir der Tiefe. Es gab ganze Stufenleitern von Fischen, die schräg durch das All des Ozeans sich schoben, Kugelwolken von winzigen Wesen, wahre Milchstraßen von Mikroorganismen und gleisende Karussells von bunten, rundäugigen Lamien, die einander zu tausenden umkreisten. Er sah noch tiefer die hexenhaften Fratzen der Tiefseebewohner, fadenbehangen, die tausendfach in der Unergründlichkeit aufleuchteten, die Seeanemonen, die Rochen. Er sah die Tiefe flimmern wie die Stadt New York abends flimmert, fliegt man darüber. Aus der letzten Tiefe strahle es wie ein Sternenmeer, dessen unzählige Sterne sich durcheinander bewegten, eine ungeheure Vision von geheimnisvoller Pracht.

Hier in den schwarz ausgeschlagenen Sälen des unberührbaren Ozeans lebten Moluske, Lemure, Fisch und Pflanze geschichtslos. Wälder
von Tang und Korallen erhoben sich, bewohnt von vielerlei buntem
Getier. Je tiefer der Blick eindrang, desto leuchtender und glitzriger
wurde der Grund. Es war, als habe ein Gott alle Blitze der Welt hier in
den ungeheuren Tiefen verloren. Hätte er in die Dickichte von Blitzen
hineingegriffen und sie herausgeholt, so hatte er groteske Visagen, ver-
blüffte Hammerfratzen und Traumvisionen von Spukgesichtern auf
der Hand gehabt, ein hexisches Gewimmel des riesig Absurden.

Millionenfach trieb hier Leben umeinander, vernichtete sich, zeugte
sich neu und schwamm seiner Atzung nach, stellte Fallen, teilte elek-
trische Schläge aus, floh und verfolgte sich, ein gigantisches Gleichnis
im hallenden Ozean, von Fackeln erleuchtet und stumm mit runden
Augen im Licht eines Rochens aufgleißend. Hier sah er die Gärten der
Haie, in denen sie sich ergingen, die Tangwälder der Unerforschlichkeit,
behaust von Polypen, und scheußlich bewimpelte Spottgeburten, die
mit einem Auge aufmerksam aus dem fließenden Dickicht blickten,
worin sie sich verbargen und recht genau ihre schwänzelnden Mahlzei-
ten musterten, bevor sie herausschossen, um sie zu verzehren.

Er sah sonderbare Nebelwände heranziehen, unübersehbare Fronten,
in denen es tausendfach silbrig von Makrelenschwärmen aufblitzte. Er
sah Meereshöhlen, in denen es von krakenhaftem Getier munter flirrte.
Er sah viele Lichter wie von zahllosen Fenstern einer Großstadt. Er sah
rotragende Korallengebirge, auf die grünsilbrige Blätter zierlich nie-
derrieselten. Es war eine Heide von Tiefseescholen, die in den gläser-
nen Räumen des Ozeans sich zur Ruhe begaben. Er sah riesige Wolken
einherziehn, drohende Gewitterwolken, die angefüllt waren mit lack-
schwarzen Ungeheuern. Er sah lichtblaue Abgründe, durch die rosafar-
bene Schleier grazil und durchsichtig schwebten, die sich mit unerhörter
Schönheit um ihre Opfer wanden und sie zart erdrosselten. Er sah die
bläulich irisierenden Schirme der Riesenquallen einherschaukeln. Er sah
treibende Girlanden mit tausend neugierigen Gesichtern darin voller
Zacken, Fratzen und Stacheln, unzählige Gebisse wurden durch die rosa

Schlammfluten des atlantischen Grundes getragen, Mauern von Fisch stiegen plötzlich erschreckt aus dem Schlamm auf und versammelten sich für eines Augenblicks Dauer zu riesigen blitzenden Palästen, aus deren Fenstern es leuchtete wie in königlichen Unterwasserfesten, bis die schwarze Rakete eines Mordfisches von oben niederfuhr und der Palast in schwimmende Ziegel mit Flossen zerfiel. Aber das war Leben, das waren Säle, Landschaften, Stockwerke, schimmernde Lichter. Das war eine Stadt, eine riesige Großstadt mit Erfolg suchenden Bewohnern, die übereinander herfielen, sich versteckten, flohen, die Wohnung hatten und ihr Dasein führten, in Gärten, die sich vereinigten und als Kolonnen dahinzogen.

Groß sind die Tiefseestädte, aber Lieder werden oben gesungen vom Wind der Ewigkeit, der auf den Wellen spielt. Unten jedoch ist es totenstill, so glaubt man. Hier gibt es keinen Laut, keinen Schrei. Hier gibt es nicht Fluch, noch Lobgesang, nicht Liturgie, noch Kyrie. Hier unten ist es seit Jahrmillionen grabesstill, das glaubt man immer noch. Und das was schwimmt, das sind nichts als fleischgewordene Tropfen der Ewigkeit, treibend im All. Genau wie alles, was geht, wie wir, die wir auf Straßen traben und unter Scherzen einen roten Wein trinken, oben hausend und in die Rätsel des Lebens starrend. Jener junge Taucher, der an der Reling lehnte, begriff die Rätsel. Er sah die Tiefen, er war umgeben von Hintergründen. Aber er wusste die Antworten nicht. Er gehörte zu der blassen tapferen Schar Tiefseetaucher in der Welt, aber er wusste, dass seine Fragen kaum Antwort finden konnten. Er irrte durch die Welt, von Auftrag zu Auftrag. Er trieb über den Atlantik. Er landete am 80. Pier der Halbinsel Manhattan. Er betrat die Stadt und er erschauerte.

Dieser Gauri Sankar aus grauem Beton, der auf Granit errichtet ist, in dessen brüllenden Canyons er sich verlor, betäubte ihn. Er sah Millionen Fenster im schiefergrauen Himmel des Herbstabends aufleuchten, es war ein Sternenhimmel um ihn, aber wo es leuchtete, war kein Stern. Wo ein Fenster leuchtete, dahinter tippte ein Seepferdchengesicht, ein Mädchen auf der Schreibmaschine, rechnete ein lemurenhafter Buchhalter, unterschrieb ein Kugelwolkenchef.

Der Taucher saß an der Bar in einem Hotel downtown, nicht weit vom Astor-Place. Er hörte das Georgel der Profit-Haie und das Flüstern der Polypen. Als er abends den Broadway uptown wanderte, sah er die Tiefsee überall. Ja, Manhattan hatte sein Leben mit Kraken, Opferfischen, hübschen Korallen und eleganten Muränen. Der Weg war nicht weit von der Tiefsee bis zu den Wolkenkratzern.

Als er am nächsten Morgen beim Frühstück einen Reiseführer studierte »How to know and enjoy New York«, las er, dass in dieser größten Stadt der Welt jährlich 24 Billionen Eier verspeist werden und 25 Millionen Glas Bier getrunken, und er las lächelnd: »Wir haben mehr Museen und mehr Bücher als irgend eine andere Stadt der Welt, über 550 Hotels und rund 12 000 Restaurants ...«

Babel, das war's, was er empfand, ein rasendes Babel, von oben bis unten bedeckt mit flimmrigem Reklamescharlach, überflutet von den brutalen Gebräuchen des Jahrmarkts, mit der Fighteratmosphäre aus Kaugummi, dem brausenden Anfahren der Autokolonnen, den in die Stirn getragenen Hüten und aus italienischer Hitze, und dennoch Tiefsee. Die Stadt, die sich am Ende des Atlantiks erhob, höher als je ein Stein geworfen wurde, voller Not auf den Straßen, voller Bettlerchöre, voller Schmutz und Verwahrlosung, aber welche stürmische Metropole! Welche Ballade von des Menschen Härte, in Beton gedichtete Profittriumphe. Diese Stadt erschien ihm wie der Traum eines Tiefseetauchers.

Er dachte an die Dome der Tiefsee, die nie ein Mensch erreichte, an Haie und Lemuren, an die silbernen Makrelenschwärme. Auch hier war die Tiefe, von Lebewesen bewohnt. Das, was zerfiel, war überall und zeigte nichts weiter als das Dasein unseres Planeten, der um die Sonne kreist, bewohnt von Fischen, Vögeln, Gazellen und Menschen.

Der Mensch aber ist der Unruhigste unter allen, der Listigste, der mit den vielen Gesichtern und auch ein Tiefseetaucher.

Über die Muße

Es gibt Wörter, die neuerdings ins Kraut schießen, und die in vielen Zeitungen und in manchen Ansprachen billiger Politiker zu finden sind, Wörter wie Nutzeffekt, Ertüchtigung oder Freizeitgestaltung. Es gibt daneben auch Wörter, die welken, die nur von wenigen Menschen noch ausgesprochen werden, die fast vergessen sind. Da aber die Sprache eines Volkes stets seinen Zustand verrät – ja, an der sich verändernden Sprache konnte man damals sogar lange vorher den Krieg ablesen, der kam – so ist heute festzustellen, dass die harten, emsigen Wörter der zivilisatorischen Energie eine gute Zeit haben. Die dunklen, leisen Wörter der Kultur jedoch stehen abseits im dämmerigen Hintergrund der Sprache.

Ein solches Wort ist das Wort Muße. Es ist ein einfaches Wort. Es sagt: Ich habe Zeit, ich entspanne mich, ich tue nichts, ich empfinde, ich bin, ja, ich bin. Es ist nicht dasselbe wie Pause oder Rast, nicht dasselbe wie Ruhe oder Nichtstun, nicht dasselbe wie Freizeit. Es ist bedeutend mehr.

Was ist Muße?

Betrachten wir zunächst das Gegenteil davon, das Wort Arbeit nämlich. Beide stehen in enger Beziehung zueinander. Nichts gegen die gesunde, natürliche Arbeit, die eine unserer Aufgaben auf dieser Welt ist. Aber das Wort Arbeit wird heute bei uns mit Riesenlettern geschrieben. Es ist für Millionen der einzige Lebensinhalt geworden. In einem Dörfchen der Schwäbischen Alb sagte man bei der Leichenfeier eines alten Bauern mit dem Ton der Bewunderung: »Nicht getrunken hat er, nicht Karten gespielt hat er ... kaum gelacht hat er ... nichts wie gearbeitet hat er sein Leben lang.« Es war, als ob man ihm damit einen unsichtbaren Orden verliehen hätte ...

Dieser unsichtbare Orden wird bei uns jeden Tag tausend Mal verliehen. Es ist der Orden für das leere Robotertum, für das »Nichts als schuften«, für die innere Armut des baren Zweckmenschen. Wir sehen heute ringsum diesen Fanatismus der Arbeit, die krampfartige Besessenheit mit drei Telefonen in der Hand fuchtelnd, dieses ganz und gar rücksichtslose Profitdenken in der allgemeinen Vergeschäftung unserer Zeit. Der Mensch geht dabei verloren. Wir sehen die Managertypen, die sich Aktenstöße abends mit nach Hause nehmen und im Alter von fünfzig und sechzig Jahren mit einem Herzschlag vom Stuhl fallen. »Der überaus scharfe Konkurrenzkampf zwingt uns zu restlosem Einsatz ...«, so sagen sie stöhnend, wenn man darob den Kopf schüttelt.

Das Traurige dabei ist nicht nur ihr eigenes, eiliges Schicksal, sondern dass sie durch ihre Roboterei keine Zeit mehr für ihre eigene Bildung haben. Sie haben z. B. seit ihrer Schul- oder Universitätszeit kaum noch Zeit gehabt, Wesentliches zu lesen. Womit sie sich beschäftigen, war bestenfalls Fachliteratur, die ihnen half, im Beruf rasch weiterzukommen. Sie werden erzürnt auffahren, wenn man sagt, dass sie engstirnig, einseitig vergeschäftet und im Eigentlichen kulturlos leben, ohne Auseinandersetzung mit den geistigen Fragen unserer Zeit. Ein gewisses Gefühl für Anständigkeit genügt nicht und ist kein Ersatz dafür. Das ist Voraussetzung. Erst wenn der Zweck aufhört, beginnt die Beschäftigung mit dem Sinn. Sie aber bleiben gutbezahlte Sklaven des Zwecks, und allzu leicht lenkbar, ohne Standort. Wir haben es erlebt.

Da diese Arbeitssklaven nicht ihre Gesamtpersönlichkeit entwickelt haben, sondern nur den direkt ausnutzbaren Sektor ihres Charakters, so sind sie in vielen unwesentlichen Dingen der Welt absolut ahnungslos, also kritiklos und fallen zum Beispiel auf politischem Gebiet in Massen den Scharlatanen, den militanten Führern und goldumrandeten Phrasen der Verführer zum Opfer. Wer auch immer die Macht hat, kann über sie verfügen.

Einer der wesentlichen Gründe, die zur Katastrophe führten, war diese in Wahrheit blinde Hingabe der Einzelnen an die Arbeit, die ihn vergessen ließ, dass der Einzelne nicht allein steht, sondern ein Mitverantwortlicher Teil des Ganzen, der Gesellschaft ist und dem Gesamtschicksal nicht entrinnen kann.

Ich sagte, wir haben es erlebt.

Die Ahnungslosigkeit, die Kritiklosigkeit den eigentlichen Werten der Welt gegenüber, die die Werte der Kultur sind, führt beim Zweckmenschen zu deren Nichtachtung, oft zu deren Verachtung, da sein Organ dafür verkümmert ist. Er begnügt sich mit Surrogaten, höchstens eine aufregende Zeitschrift, ein flottes Filmlustspiel, ein sportlicher Entscheidungskampf, das ist es, was dem allzu Tüchtigen, dem Streber, dem Roboter bleibt. Er ist ein Schwergewichtler an geschäftlich nutzbarer Energie und Umsicht, ein zivilisatorischer Profitdenker von Qualität, behänd, zielsicher und gewohnt, sich bedenkenlos umzustellen. Aber er ist ein kultureller Zwerg, ein blinder Nemo, der nicht die Zusammenhänge versteht, unentwickelt, verkümmert. Meist stecken diese beiden in einer Haut. Dann werden sie äußerst gefährlich.

Aber was hat das alles mit der Muße zu tun?

Ich sagte vorhin: erst wenn der Zweck aufhört, beginnt die Beschäftigung mit dem Sinn. Muße ist keineswegs gleichzusetzen mit momentaner Entspannung, der die doppelte Arbeitsenergie entspringt. Muße ist nicht utilitaristisch einzuplanen. Muße ist ein Seelenzustand. Muße bedeutet nicht langsame Fahrt, nicht das Reffen des Segels, Muße bedeutet vielmehr das Segel ganz fieren, den Anker auswerfen und eine Zeitlang still vor Anker liegen. Der Anker ist die direkte Verbindung mit dem Grund des Meeres, die gedankliche Verbindung mit dem Urgrund der Dinge. Muße bedeutet alles Zweckhafte für eine Weile zu beurlauben und dem Sinn des Lebens näherzukommen. Die Muße ist das Gelände der edlen Empfindung, der Träumerei, der Gedanken, der Vorstellungen.

Wer ein natürliches Verhältnis zur Arbeit hat, wird stets auch eine Beziehung zur Muße haben. Wenn das Vibrometer unserer Leidenschaften, unserer Erregungen, unserer Angst langsam ausgependelt und die Nadel danach zum Stillstand kommt, dann beginnt die Muße. Es wird eine Weile still sein in dir, dann aber beginnt lang Verlorengeglaubtes sich langsam zu regen: die Erinnerung an eine Wiese, auf der du als Kind spieltest, der Goldklang einer Sonate, die glasblaue Brandung von Capri, die Betrachtung einer sommerlichen Linde, deren Laub im Abendwind rauscht und hell wird bei jedem Windstoß. Längst Verdrängtes wird wach, der Kuss der Mutter, die tot ist, das schmerzliche Lächeln eines verlorenen Freundes. Das ist das Stadium der Erinnerungen, der Assoziationen.

Dann aber beginnt die Stufe der Träumerei.

Kostbar ist die Phantasie, die heute so oft mit Füßen getreten wird, weil die schädlich ist fürs Fortkommen. Und doch ist sie so wertvoll wie das Gedächtnis. In schwierigen Lagen ist es sogar besser ein gutes Urteil zu haben als ein gutes Gedächtnis. Mit der Phantasie allein kann sich jeder in die Gedanken der andern versetzen, um zu einem menschlichen Urteil zu gelangen. Den Traum vom großen Glück, träumt ihn getrost. Dann aber fragt, woran es fehlt, dass es euch versagt blieb, das große Glück. Die Muße ist die Zeit der Fragen, der gelassenen Fragen nach Ewigkeit und Zeit und Glück.

Liegt es an dir? Liegt es an anderen? Liegt es an der Welt, liegt es an der Ordnung der Welt? Die Stufe der Fragen, die folgt, ist die wertvollste. Denn jede Frage führt zu weiteren Fragen, und in der Verlängerung enden Fragen stets im Zentrum der Welt, im Sinn, im Ens, in Gott, im All. Betrachte die Sterne, nicht flüchtig, nicht mit jener momentanen Rührung des Bereitwilligen, wie sie üblich ist. Nein, betrachte sie lange, kalt und gelassen. Denke nach mit der Ruhe eines Erfahrenen.

Aber bedenke auch deine siebzig Jahre, von denen du ein gehöriges Teil bereits verbraucht hast. Bedenke deine Welt, ihre Schönheit, ihre Gefährlichkeit und ihre Härte ... Und dieses wilde troglodytenhafte Stadium der Welt, in das du hineingeboren wurdest. Gewiss in einigen Weltgegenden haben sie uns eine flüchtige Zivilisation aufgebaut mit Radar, Düsenjäger und Cinemaskop, sehr umständlich und sehr verletzlich alles. Unsere Enkel werden lächeln über ihre primitiven Ahnen. Lasst uns nicht zu stolz sein auf das alles. Zivilisation bedeutet nichts, solange unsere Gedanken und Ordnungen auf Krieg und Gewalt eingerichtet sind, solange Hass und Vorurteil und Misstrauen uns beherrschen und die bedenkenlose wilde Jagd nach dem Profit.

Gewiss, die Menschheit ist noch sehr jung. Unsere gesamte Geschichte ist nicht älter als 6–7000 Jahre. Das ist im Vergleich zu den Jahrmillionen, seit denen unsere Erde besteht, sehr wenig. Wenn man dreißig Jahre für eine Generation annimmt, wie es die Wissenschaft tut, dann sind es in tausend Jahren dreißig Generationen und in siebentausend Jahren nicht mehr als zweihundertzehn Generationen. Deine zweihundertzehn Ahnen könnten also bequem in einem Kino Platz finden, wenn du jene aus den letzten siebentausend Jahren zusammenrufen würdest, eine sonderbare Versammlung von Ahnen, voller Rätsel von heute bis zur Zeit der End-Capsien-Jäger-Kultur um 5000 vor Christus. Es ist ein Atemzug der Geschichte, aber nur diesen letzten, diesen einen Atemzug kennen wir. Ostspanische Felsbilder und chinesische Relikte scheinen die frühesten Zeugen der Menschheit zu sein, vor 200 bis 300 Generationen ... neulich. Auf dieses »Neulich«, auf diese kurze Zeit ist hinzuweisen, weil sie uns lehrt, unsere eigene Person nicht zu wichtig zu nehmen. Es fängt nichts mit ihr an und nichts hört mit ihr auf als eine Person. Und diese Erfahrung ist ein wesentliches Merkmal jeder Muße, dieses sich nicht zu wichtig nehmen. Die Muße lehrt uns die Frage nach dem Sinn, sie lehrt uns Gedanken und den Überblick in zwei Richtungen vom Saturn bis zu deinem Scheitel und horizontal von deiner Schulter bis zum letzten Negerkuli in Pretoria, du bist nicht allein, du bist ein Bestandteil der Gesellschaft der Menschen. Und die Menschheit auf ihrem schmerzensvollen Marsch durch die Jahrtausende ist es, die stets in dein Schicksal eingreift.

Aber es ist stets dein eigenes Schicksal, dein höchst persönliches. Jeder reagiert verschieden auf seine Schwierigkeiten, seien sie ökonomischer, politischer, familiärer oder anderer Art.

Wenn man die Untaten der Menschheit auf eine Wagschale legen würde, alle Kriege, alle Verfolgungen, alle Unterdrückungen und alles Elend, und auf die andere Waagschale die Künste, die Humanität, die Religion, die Wissenschaften – so würde die Waagschale mit den Kriegen und dem Elend sicherlich niedersinken, weil sie weit schwerer wiegt. Aber soll das so bleiben?

Haben wir alle nicht etwas, um es auf die Waagschale des Friedens, der Humanität zu legen? Es ist Zeit, dass auch die Roboter die Waage bemerken in ihrer Bedeutung. Jeden Tag füllen sich beide Waagschalen, mit Hass und Rüstung die eine und mit den reinen Werken der Kultur die andere.

Wann endlich wird die Waagschale der Humanität niedersinken? Wann wird die Würde des Menschen hergestellt sein? Gorki sagte einst: Mensch ... wie stolz das klingt!

Wir haben von der Schrecklichkeit des Menschen viel erfahren, aber in der Muße finden wir, kehrt der Mensch zu sich selbst zurück. Er findet seinen Standort, sein Gesicht.

Als ich mitten aus einem höchst arbeitsreichen Alltag von der Gestapo plötzlich in eine stille Zelle der Prinz-Albrecht-Straße geworfen wurde, war ich zuerst wie betäubt. Ich verbrachte neun Monate ohne Arbeit in Einzelhaft. Als ich danach in eine Sammelzelle verlegt wurde, fiel mir das Sprechen eine Stunde lang rein physisch schwer. Aber in diesen langen Monaten habe ich etwas gefühlt, was ich nie zuvor kennengelernt hatte, das Verrinnen der Zeit, den Marsch der Minuten durch mein Gesicht, die stete Veränderung.

Es war eine Zeit der Muße, eine Zeit der Erinnerungen, der Fragen, der Gedanken, der Empfindungen, der Vorstellungen. Diese Muße damals hat mich geprägt. Sie hat den Gefangenen einfach für immer immun gemacht gegen das Robotertum aus der Angst und gegen die allgemeine Vergeschäftung unseres Lebens. Und meine Erfahrung ist:

Aus der Muße heraus wird der Mensch reicher, der das Ganze in seiner Vergänglichkeit nie vergisst, der sich einordnet in den Ablauf der Zeit und in die Gesellschaft der Menschen. Wer gelernt hat nach dem Sinn zu fragen, wer gelernt hat zu denken, statt zweckbestimmt zu spekulieren, der wird den eigentlichen Werten unseres Lebens nahestehn.

Und er wird aus der Muße kommend mit offenen Händen den Übelständen dieser Welt entgegentreten, dem Hass, der Not, dem Krieg, der Vergeschäftung, dem Misstrauen, dem Vorurteil.

Es gibt viel Arbeit für uns alle.

Und wer die Muße erlebt hat, der findet genug Arbeit, natürliche, gute Arbeit am Menschen.

VIII. VON DEN WAFFEN

Von den Waffen

Wo ist der Goldhelm Pizarros, der schrecklich gespaltne?
Blind vom Kot rotäugiger Vögel, Nest junger Schlangen,
gähnt er fatal belackt vom schwarzen Blut der Konquista.
Ach, mehr Helme als Hirne ...
        verbrauchten wir in Europa,
        ... um nicht weit zu kommen.

Wo brach die Lanze des Ajax, wo zerfällt Cromwells Schwert,
wo rostet Rommels Pistole und Günther Priens Dolch?
Biege Calabriens Rasen beiseite, und Gasmasken glotzen.
Ach, mehr Waffen als Scharfsinn ...
        verbrauchten wir in Europa,
        ... um nicht weit zu kommen.

Wo erstarrte der Lügner von Rheydt und wo der Hetzer von Ems,
und der Kriegsstifter fahl umbartete Münder, wo erkalteten sie?
Wen traf ins eigene Ohr der Schuss in der Reichskanzlei?
Ach, mehr Lügen als Wahrheit ...
        verbrauchten wir in Europa,
        ... um nicht weit zu kommen.

Kommt nicht auf jede Lampe, die leuchtet, bei uns eine Bombe,
und einer Handgranate Knall nicht auf jeden Apfel, der fällt?
Gewehre so viel wie Grashalme wuchsen zuhaus auf unsrer Natur.
Welches Maß schwieriger Dummheit ...
        verbrauchten wir in Europa,
        ... um nicht weit zu kommen!

Mekong-Ballade

Im Dschungel ein Dorf. Es zwitschern drei Schüsse,
nicht länger als drei Sekunden lang.
In der ersten wird ein Bambushaus durchschlagen,
in der zweiten wird die Kugel in ein Kind geschickt,
in der dritten eine Pflanze, nein, eine Frau geknickt.
Nie wird sie ihr Kind mehr nach Hause tragen.

Zur selben Zeit sitzt in Ohio ein Mann,
der am Tisch mit seiner Familie frühstücken kann.
In der ersten Sekunde hebt er die Tasse ans Kinn,
in der zweiten stellt er sie wieder hin,
in der dritten Sekunde hört er noch keinen Schuss,
weil er rasch in die Stahlfabrik fahren muss.

Die einen verdienen Dollars an jedem Schuss,
die anderen sterben, weil man sich wehren muss.
Hundert Bomben am Tag, und keine ist klein,
und sie fallen, und Familien hören auf zu sein.
Im Dschungel zwitschern drei Schüsse und durchschlagen
eine Frau, nie wird sie ihr Kind nach Hause tragen.

Ihr Bosse, die ihr in den Kirchen singt
und durch andere anderswo Bomben ausklinkt:
Ist ein großer Friedhof für Euch denn der Frieden?
Nie denkt das Volk von Vietnam so wie ihr!
Es sagt: Wir kämpfen! Unsere Heimat ist hier!
Die Freiheit kommt nicht mit Bomben. Die Freiheit sind wir!

Der Interessent

Spricht man hierorts von Sicherheit,
dann ist die Rüstung nicht mehr weit.
Dann kommt, worauf ihr wetten könnt,
still ums Eck der Interessent.

Der Interessent kommt nicht allein,
es müssen viele Tausend sein.
Und jeder denkt in seinem Sinn:
Die Rüstung bringt Gewinn.

Laut sprechen sie von Sicherheit
und nur leise vom Profit.
Die Aufrüstung schützt unser Volk,
schrein sie, da schreien viele mit.

Und schreit ein Volk nach Sicherheit,
freut sich die Industrie.
Den Interessenten nützt sie stets,
dem Volk dagegen nie!

Die Ballade vom Bikini-Fisch

Sieben Fischkutter aus Huon
segelten bei Mensun durch die Südsee.
Lackrot lachte der glückliche Drache am Mast.
Die Männer waren nacktfüßig, braun, und gewohnt,
den Fisch aus der Tiefe zu holen,
der glasblauen Tiefe des Meeres bei Bikini.

Wir waren lange nicht ausgefahren,
denn das Meer war uns verboten worden
von den Fremden mit weißen Gesichtern,
die an ihre großen Bomben nur denken,
aber nicht an den Fisch in der Tiefe,
den schönen und starken Fisch im Meer von Bikini.

Sieben Fischkutter aus Huon
segelten durch die glasblaue Südsee,
um auf dem Meer den Fisch zu fangen,
der die Mahlzeit Japans ist und unsere.
Wir senkten das Netz in die Tiefe,
in das durchsichtige herrliche Meer von Bikini.

Und wir fingen den Fisch von Bikini.
Als wir ihn sahen, wurden wir still:
Ihre Köpfe sahen aus wie giftgrüne Ballons,
und sie krochen herum, bleich wie die Pest.
Wir starrten auf das Netz, das heraufkam
mit dem schrecklichen Fischgetier von Bikini.

Und dann hüpften sie aus dem Netz:
Froschpfoten hebend, wo Flossen einst waren,
andre wie Schlangen mit lemurischen Fratzen,
entstellt war der Fisch aus der Tiefe.
Wir schütteten alle zurück in das Meer von Bikini …
Man hatte dort nur eine Bombe probiert.

Sieben Fischkutter aus Huon
segelten bei Monsun durch die Südsee.
Da sagte ein Fischer: Der Mensch ist ein Fisch.
Er weiß nichts von dem, was über ihm vorgeht.
Er lebt in der Tiefe, blind, ohne Wissen und Meinung,
und um ihn überall ist das Meer von Bikini.

Und solang der Mensch wie ein Fisch lebt,
seine Nahrung nur suchend und dumm,
und solang die dort eben ungestört sind,
solang geht der Atomtod herum.
Wir müssen mehr wissen, Freunde,
und lernen, damit wir die Bombe besiegen.

Steigt empor aus eurer blinden Tiefe
und beginnt zu sprechen vom Fisch im Meer von Bikini!
Damit alle andern von euch lernen …
Und berichtet laut von der Bombe,
die so wie die Fische die Menschen entstellt.
Beseitigt die Bombe, denn es ist Zeit!

Sieben Fischkutter aus Huon
segelten durch die glasblaue Südsee …

Das Lied vom Lehrer Leid

Nach Deutschland kommt von Zeit zu Zeit,
wenn's wieder Trümmer gibt, der Lehrer Leid.
Der sah schon viele Kriege vorübergehn ...
Man kann es dem müden Gesicht ansehn.

Er legt uns das alte Lesebuch vor
und sagt: Wiederholt, sprecht alle im Chor!
Und dann lernen wir alle das alte Gedicht
vom Frieden. Doch wir behalten es nicht.

Und er schreibt an die Tafel, und die Kreide ist rot.
Wer am Krieg verdient, der verdient am Tod.
Und er blickt jedem Einzelnen ins Gesicht,
und er sagt: Ich heiße Leid, vergesst das nicht!

Wann lernt ihr denn endlich eure Lektion?
Doch da läutet die Glocke, und wir eilen davon,
und reden vom Krieg von Zeit zu Zeit,
und auf uns wartet der Lehrer Leid.

Doch soll das immer wieder so sein?
Wir haben gelernt und wir sagen: Nein!

Tag X

Ein trockener, ein wenig staubiger Sommertag, der Himmel dunstig, perlmuttern schimmernd. Hier ist das Ruhrgebiet, jene von Städten bewachsene Kohlelandschaft, in der nicht Kathedralen wachsen, sondern Fördertürme und Kohlenhalden.

Die Terrasse des großen Kaffees war dicht von Menschen besetzt, die an den Tischen saßen und mit der harten, westfälischen Sprache ihre Liebesdialoge führten oder von Geschäften oder von ihrem Leben berichteten, jeder sich selbst erklärend, wie es der Brauch ist unter den Menschen. Draußen rollten die Autos, hielten, fuhren an, Straßenbahnen bogen lärmend um die Ecke. Es war eine große, lebendige Stadt, in der wir am Kaffeetisch saßen.

Ein kleiner alter Mann schob sich durch die Tische mit einem spitznasigen Beamtengesicht, das freundlich lächelte. Er legte unauffällig auf jeden Tisch ein Blatt Papier, auch auf den Tisch, an dem ich allein saß. Es war ein Flugblatt gegen die atomare Aufrüstung. Ich las es. Eindrucksvolle Feststellungen waren darin abgedruckt. Als ich wieder aufsah, hatte sich die Umwelt in meinen Augen ein wenig verändert.

Ich sah die hochblonde Dame am Nebentisch lächeln. Sie hob die Hand, an der ein Diamantring blinkte und lächelte den Rechtsanwalt an, dessen Augen sie musterten. Die hochblonde Dame auf der lichterstrahlenden Kaffeeterrasse zeigte mit einem Finger auf ein Stück Kuchen. Die Verkäuferin mit einem weißen Häubchen im Haar hob lächelnd den Kuchen mit der Zange. Da kam der Blitz.

Die Häuserfronten sanken weich und pflanzenhaft in die Erde. Auf der belebten Kaffeeterrasse verdampften die noch lachenden Gäste an den fliegenden Tischen. Die Hand der hochblonden Dame verglühte. Vom Hotel drüben blieb nichts als ein siedender Sumpf. Die Autokolonnen schoben sich noch einige Meter als ein Kordon von sich aufbäumenden Glühwürmchen dahin, ehe sie elegant zusammenschnurrten und vertropften. Die Dächer erhoben sich seufzend, segelten durch die Luft und zerfielen in unzählige niederregnende Ziegel. Die Abwässerkanäle kochten über, die Kirchen neigten sich devot und knieten nieder. Der Funkturm faltete sich rasselnd zusammen, das Rathaus hüpfte in die Erde, und in wenigen Minuten hatte sich die hundert Meter hohe Metropole in ein katalaunisches Blachfeld verwandelt. Dann kam der kleine Orkan, ein Feuersturm mit einer Gewalt, die Ruinen, Parks und einige Kindergärten in Asche verwandelten. Man hörte noch ein Zwitschern wie von erschreckten Sperlingen, eh die Stimmchen verhauchten und die kleinen Leiber verkochten. Die U-Bahn-Schächte, die eingedrückt waren, füllten sich mit der Luft der Schreie und dem Gas des Sterbens. In den Kartoffelkellern wanden sich tausend gedunsene Hausfrauen, eh sie verröchelten. Die Wassermassen der Großstadt sprengten die Rohrsysteme, überfluteten die Fundamente und verzichteten. Es gab keine Augen mehr, die den aufsteigenden Rauchpilz sehen konnten, sie waren geplatzt, oder wie winzig blaue oder goldbraune Ballons aus den Gesichtern gestiegen, verdorrt wie Rosinen oder weggeflogen. Die Millionenstadt hätte einen Güterzug mit getöteten Augen füllen können. Zersprengte Gliedmaßen wirbelten hoch wie Schwärme ärgerlicher Vögel, die goldplattierte Ringe trugen. Wolken von Sperlingen wurden in der Luft ereilt und fielen träge wie ein Sonntagsregen. Geradezu freundlich wirkten die bläulichen Gasexplosionen, die hier und da aus dem Pflaster schossen. In eine geschützt stehende Telefonzelle hatten sich Passanten geflüchtet. Sie standen so dicht gedrängt wie Fische in der Dose und waren totgesotten worden, geschmorter Rosenkohl über den Hälsen, dort, wo sie ihr Leben lang Gesichter getragen hatten.

Eine Kolonne von Panzern – tosende Kriegsungeheuer, teuer und dräuend wie Stahlmasken der Primitivität – schmolzen fahrend wie heiß gewordene Schokolade, zogen eine Weile noch Spuren und veraschten mit den entsetzt piependen Kriegsheroen darin. Die Generale schmorten, ebenso die Politiker, die ständig Stärke verlangt hatten. Hier war sie, die Stärke. Die letzten Atemzüge der Stadt zusammen hätten einen Sturmwind, einen Weltseufzer ergeben, so millionenfach platzten die Lungen.

Der jüngste Tag war nie so vollendet von düsteren Dichterhirnen geträumt worden wie dieser gleichgültige Mittwochabend, denn hier explodierten nach allem Hass der Menschen und ihn technisch fortsetzend endlich die listig gedrillten Atome. Hier kam er endlich, der Krieg, der nur Besiegte kannte, Schuldige und Unschuldige, jene, die in ihrer Torheit den Krieg vorbereitet hatten und jene, die mit ihrem Verstand der Bombe den Weg gebahnt hatten.

Unter dem Himmel stand ein Rauchpilz. Er war größer als die Stadt darunter. Er vergrößerte sich ständig. Er war nicht allein. Ein blühender Garten von Rauchpilzen erhob sich über ganz Europa, grau, rotgetigert, leichenweiß und schwankend.

Wirklich schöne Rauchpilze standen darin, gepflegt, üppig genährt und hochstielig, eine prachtvolle Ernte. Es waren aber auch ausgezeichnete Gärtner gewesen, die die reiche Ernte vorbereitet hatten.

[Die geistige Vorbereitung
auf den nächsten Krieg]

I.

Die geistige Vorbereitung
auf den nächsten Krieg
sickert aus tausend Rinnsalen
in das öffentliche Bewusstsein ein.

Sie zeigt sich als
koketter Killervirus,
als männlich-kalte Mordpoesie,
als Pistolenschnulze,
als fatales Entweder-oder-Feuilleton,
am meisten aber als
spannend gemachtes
Ja zum Hass.

2.

Durch die neuerdings
so blendend entwickelte Tötungstechnik
ist der nächste Krieg
eine zu ernste Sache geworden,
als dass die Welt
ihn den Händen der Politiker allein
anvertrauen sollte.
Im Gegenteil:
Wir alle sollten täglich
etwas zu seiner Verhinderung tun.

3.

Bevor es zur Herstellung
von Kanonen kommt,
muss eine Armee
von gewitzten und emsigen
Journalisten und Politikern
jahrelang erfolgreich gearbeitet haben,
um das öffentliche Bewusstsein
total zu verdunkeln.
Einer Verdunkelung der Fenster
geht im Allgemeinen
eine Verdunkelung der Köpfe
voraus.

[Dreierlei Kriege sinds]

Dreierlei Kriege sinds, die der Mensch,
das flüchtige Wesen, seit je führt
den gegen die Versuchung seiner selbst
den gegen die Gewalt der Anderen,
den gegen die Gewalt der Natur,
komme sie als Mikrobe, als Plage, als Flut.

Sieben Meere, fünf Erdschollen und zwanzig Ströme
Bedecken den Stern, dessen Inneres glüht
und auf dessen erkalteter Haut voller Falten und Städte
wir möbliert dahinleben
in Sorge und Hoffnung, der emsige Mensch.

Ach wie gebrechlich ist unsre Natur,
wie verletzlich die Haut
wie empfindlich die Laune
wie voller Blindheit das scharfe Auge
wie feig und ohne Verständnis schüttelt er den Kopf.

Aber der gebrechliche Mensch,
der feige an einer Plakatwand lehnte,
wirft die Zigarette weg, beginnt er zu denken
und wer zu Ende denkt, lernt Einsicht.

Denkt der gebrechliche Mensch an den Anderen,
erhebt er sich mutig und
handelt für alle.

IX. ZUKUNFT

[Ach, mit Hass und Eisen]

Ach, mit Hass und Eisen
geht der Mensch zugrund,
und der zu viel fluchte,
lächelt nicht, der Mund.

Ach, ein wenig Frieden wird
nicht mit Hass erbaut,
und den Nektar trinkt nicht,
wer den Nächsten haut.

Wer ins Licht will gehen,
trag kein Blut am Schuh.
Auch Vernunft ... zuweilen,
braucht der Mensch dazu.

Lied von der Freiheit

Da hör ich heut so viele von der Freiheit schrein
und frag, wie groß soll denn genau die Freiheit sein?
Hat der seine Freiheit
und der keine?
Hat der große Herr 'ne große
und der kleine Mann 'ne kleine?
Ja, so soll es sein,
schreit ihr, das ist fein!
Und die große ist die meine!

Doch wer sie einteilt, muss gerecht sie messen,
will er des kleinen Mannes Freiheit nicht vergessen.
Reicht doch die seine
nur so weit wie seine Scheine,
und das heißt für seine
Familie knapp sich satt zu essen.
Doch der Große kann zufrieden schlafen,
wohnt mit Spesen, Reisen, Villen
hinter einer Hecke scharfer Paragraphen.

Ja, da hör ich heut so viele von der Freiheit schrein
und seh, das muss eine andre Freiheit sein.
Groß ist sie für Große,
klein für Kleine.
Wenn die Reichen Freiheit erster Klasse fahren,
muss man für die kleine Freiheit sparen.
Gerecht soll Freiheit sein?
Natürlich! Teilt sie ein!
Doch damit's für alle reicht: wer nimmt die kleine?

Besuch in der Sternwarte

Wir betreten das Kuppelgebäude der Sternwarte. Es ist eisig kalt. Der Professor dreht das Licht an. Wir stehen in einem kreisrunden Saal, in dessen Mitte der von vielfacher Mechanik umrankte Refraktor aufragt, der leicht bewegbar in allen Ebenen sich dreht. Ein Druck auf einen elektrischen Schalter und die große Kuppel öffnet sich langsam, der Sternenhimmel des Januars leuchtet herab, der Mond erhellt den Beobachtungsraum und langsam richtet sich das riesige Fernrohr auf seine Scheibe. Es zielt unbeholfen auf jenen Himmelskörper mit einem Linsensystem, dessen heutige Qualität in langen Jahrtausenden entwickelt wurde. Ungeduldig und mit einer gewissen kalten Spannung erwarten wir den Augenblick, an dem wir an das Okular herantreten dürfen.

Dort schwebt er, der Weltkörper, ein Mond in der Ewigkeit, ein Stern, der uns von allen Abermilliarden der nächste ist, der Nachbar hinterm Zaun, dem wir in die Fenster blicken, nicht mehr als rund 400 000 Kilometer von uns entfernt, ein astronautischer Katzensprung, ein Fußbreit Weltenraum, Vasall der Erde, Trabant, gehorsamer Umkreiser, erreichbar, nahezu anrufbar, der Mond. Raketen haben ihn bereits nach 65 Stunden Flugdauer erreicht. Auch umflogen wurde er schon und rundum fotografiert.

Als ich durch das Okular blicke, erschrecke ich tief. Ich, ein Mensch, geringer, flüchtiger Mieter auf einem Planeten, winziges Objekt großer Gesetze, blicke in den Weltenraum, in die Endlosigkeit, die Unendlichkeit. Mein Blick stürzt in die Tiefe, fällt ins Bodenlose und prallt auf jenen Weltkörper, von dem ich vergesse, dass er Mond heißt, in Versen und Bildern gepriesenes Gestirn der Sanftmut, der Poesie, astrales Phänomen aller Literaturen.

Mein Auge, jene winzige Einheit, die Blick schafft, unter meiner Augenbraue, hat sich von der Erde erhoben, hat mit Hilfe eines

Linsenmechanismus die Wolken, die Atmosphäre, den tiefen, nahezu schwarzen Weltraum durchquert, und fast geblendet trifft es auf Kontinente, die nicht unsere Kontinente sind.

Eine kalte, kahle Wildheit empfängt uns. Gebirge ragen uns Augenwanderern entgegen, mit präzis gezeichneten scharfen Schlagschatten, aus denen Struktur und Höhe der Gebirgszüge ablesbar sind. Erhabene, starre Landschaften, Ringgebirge, Krater, mächtige Gebirgsketten, Täler, Meere bieten sich dar, über die unser Auge voller Erstaunen wandert. Die Gebirge des Südpols erheben sich bis zu 8000 Meter Höhe, sind also nicht höher als die Gebirge des Weltkörpers, auf dem unsere Füße stehn. Ich erkenne – nach den Hinweisen des Professors – das Mare Crisium, das Mare Serenitatis, das Ringgebirge Kopernikus, das etwa 60 Kilometer Durchmesser hat, im Südwestquadranten ist das Ringgebirge Teophile erkennbar. Viele Landschaften verschwinden in der geschwungenen Dunkelheit des Mondgewölbes, aus dem nur noch die Spitzen der alpenähnlichen Gebirge hell aus der Weltnacht herausleuchten.

Ich steige mit dem Auge in die Tiefe der Täler, wandere über die bleichen Ebenen, erklettere die jähen Höhen, umkreise die trockenen Meere und folge der Wölbung bis dorthin, wo der Blick abstürzt in den finsteren Weltraum.

Ich frage nach der Beschaffenheit des Mondbodens und erfahre, dass einige Mondforscher einen lavaartigen Charakter annehmen. Sie vermuten, dass die Abhänge der Krater mit Asche bedeckt sind. Fotometrische Untersuchungen haben ergeben, dass die Beschaffenheit des Erdmergels eine gewisse Ähnlichkeit mit der des Mondbodens haben mag. Es gibt Hypothesen, die annehmen, dass die Meere des Mondes von ursprünglich magmatischen Massen bedeckt sind, die bei ihrer Erstarrung eine glasartige Struktur angenommen haben. Die Oberfläche eines verwitterten und bestäubten Glasflusses soll unter verschiedener Beleuchtung ähnliche Erscheinungen zeigen, wie dies die Mondmeere bei verschiedenem Sonnenstande tun. Ich frage nach den Temperaturen und höre, dass sie etwa zwischen plus einhundertdreißig und minus einhundertfünfzig Grad Celsius schwanken, eine Differenz, die uns Erdgewohnte töten würde. Ich frage nach dem Licht und erfahre, dass der Mond als Spiegel der Sonne, als Relais, uns Erdbewohnern nur einen winzigen Bruchteil des Lichtes weitergibt. Den Rest verschwendet er mit der Sorglosigkeit eines Gottes in den Weltraum hinein.

Ich betrachte noch einmal die wilde Schönheit der riesigen Kugel, die weiße und rabiate Pracht seiner Gebirge aus der Vogelschau. Dieses Gestirn ist wie von einem Sterbenden geträumt. Die Unbezähmbarkeit jener nahen und tödlichen Natur dort, deren schönes Gewölbe an uns vorüberzieht, erschüttert den in der Sanftheit einer Atmosphäre atmenden Beobachter. Noch unnahbar, voller mordenden Frostes und blendend, steht uns dort eine Welt mit kühn hingeworfenen Gebirgen gegenüber, deren Steilheit wahre Schattenskamander schaffen, voller bizarr leuchtender Willkür, erhabene fliegende Großartigkeit, und doch zum Greifen nahe.

Man spricht heute von der Entsendung waghalsiger Raketenexplorateure, von einer Landung. Es wird sicherlich bald möglich sein, die Technik wird das Abenteuer liefern.

Aber der Augenblick, an dem zum ersten Male in der Geschichte unseres Planeten ein Mensch den Erdball verlassen wird, um einen benachbarten Stern zu besuchen, ein solcher Augenblick ist geeignet, unsere Erde und die Situation der Menschheit zu prüfen.

Sind wir denn so weit, wir, im Beginn der Menschheit einfältig hausend, primitive Lebewesen, höchstens mit der Handhabung einiger zivilisatorischer Produkte vertraut wie Elektronik, Kybernetik und Kernspaltung? Sind wir soweit, wir Kumpane der Erdrundung, in tausend Sprachen miteinander radebrechend, aus Hautfarben immer noch Hass beziehend, wir, Eitelkeit im Auge, vernichterisch, umdunstet von Auren des Aberglaubens, Monarchen der Dummheit, Kolosse an Brutalität, dabei Mammuts an Angst. Ach, wir Erdbewohner sollten wahrhaftig versuchen, vorerst unseren eigenen Stern ein wenig menschenwürdig einzurichten.

Es gibt in der Menschheit genug Monde zu entdecken, die Entfremdungen gehen über Lichtjahre hinaus, die unbekannten Krater des nachbarlichen Gehirns sind oft nur zu ahnen, nicht einmal sichtbar. Wir wissen noch allzu wenig über den Schmerz. Impulse, Sympathien und innere Ordnung der Einzelnen sind dunkel, Korruption, Ausbeutung, Tyrannei und Unterdrückung beherrschen viele Völker. Darüber hinaus hat sich die Menschheit in einzelne Lager eingeteilt, die sich voneinander abgrenzen mit Pässen, Zöllen und Kanonen.

Solange die prähistorische Gewohnheit besteht, die Schätze der Erde anzulegen, um Millionen von Menschen als organisierte Tötungskader zu verwenden, die bei sich bietenden Gelegenheiten zu entsetzlichen Vernichtungen übereinander herfallen, solange ist Grund zur Angst.

Sie retten seit Jahrtausenden die Welt durch Massentötungen und vergrößern das Elend.

Diese Menschheit, zwischen Besitzern und Hungerleidern, toll, brutal und gierig umeinander wirbelnd, jeder ein Feind, jeder zielend, wobei auf jeden gezielt wird, diese Menschheit, die die Armen der Armut überlässt und die Dummen der Dummheit, muss sich besinnen, ehe sie auf ihrem mühsamen Weg das nächste Stadium erreicht, das der Kultur. Danach sollte erst die interstellare Forschung folgen. Nun, in unserem Jahrhundert haben sich bereits entscheidende Unternehmungen, die Armut der Menschen zu bekämpfen, in manchen Ländern durchgesetzt.

Wir sind sehr schwach, denke ich, als wir auf dem Heimweg unter den alten Eichen der Sternwarte noch einmal den Mond erblicken, der unsere Gesichter matt erleuchtet. Werden wir unsere Verfrontungen auch auf den Mond schleppen, wir ratlosen Menschen der Frühzeit?

Von den Völkern der Erde

Die Geschichte betrachtend

Die Völker atmen mit breiten Brüsten und haben Sehnsucht
nach dem natürlichen Leben, nach Wohlstand und Frieden,
sie schaffen Dome, Ernten, Medikamente, Milch und Maschinen,
sie haben breite Gebisse, warmes Fleisch und raue Vernunft.

Die Völker sind mehr als Völker, sie sind auch Nationen
mit Uniformen, Prestige, mit Panzer, Grenzen und Orden.
Die Völker, die drückenden Kronen der Macht tragend,
verloren ihre natürliche Haltung, wurden steif und geziert.

Sie warfen sich in den Mantel des Nationalismus,
schlugen kostbare Falten auf, sprachen von Ehre,
stellten Ansprüche, verlangten Zölle, Pässe und Grenzen,
und bald war unser Erdball besät mit schreienden Nationen.

Welches Bild: Die vor Zorn klirrenden Nationen in der Geschichte,
die einander bedrohen, schikanieren, überfallen,
miteinander bündeln, zündeln, Pakte schließen
unter der großen Sonne von Morgen bis Abend.

Welches Geschrei in der Welt, welche Wut, welcher Hader!
Geht es noch um die Völker? Nein, um Nationen!
Wenn es nach den geduldigen Völkern ginge,
die Eisenbahnen würden durch alle Grenzen fahren!

Lasst uns den Mantel ablegen, der zu eng ward und weitergehn,
wir aus den Nationen herauswachsenden Völker der Welt!
Lasst uns brüderlich zusammentreten und die Grenzen vergessen!
Jede Zeit erkennt man an der Zahl ihrer Grenzen!

Wir Völker, zusammengeschlossen aus Gauen und Königreichen,
werden zusammenwachsen zur großen Gemeinschaft der Welt ...
Einst wird kommen der Tag, an dem jedes Volk, seine Art bewahrend,
jedes andere Volk grüßt auf der endlich ruhenden Erde ...

Lasst uns weitergehn, Freunde!

Der Choral von der Vernunft

Ihr Menschen, die ihr euch so kühn erhebt,
die Wüsten ihr besiegt und neue Wüsten zeugt,
die ihr den Urwald rodend neuen Urwald schafft,
besteht die Welt und lernt, wenn ihr vergleicht:
    Zwar der Verstand ist bei euch stark wie Riesen sind,
    doch die Vernunft ist kleiner als ein Kind.

Da rüstet ihr seit tausend Jahren auf,
damit ihr stark seid und der Feind erbleicht.
Doch immer rüstete sich auch der Feind.
Der Krieg kam jedes Mal, darum vergleicht.
    Zwar der Verstand ist bei euch stark wie Riesen sind,
    doch die Vernunft ist kleiner als ein Kind.

Dass der Verstand die beste Tötungstechnik schuf
in dieser todgewohnten Welt, das ist bekannt.
Ein Einsatz, und Millionen Menschen werden Null,
und zum Atomsumpf wird das schönste Heimatland.
    Denn der Verstand schafft alles, der ist stark und wach,
    nur die Vernunft ist immer noch zu schwach.

Bedenkt, wenn die Vernunft die Menschheit führt,
wird der Verstand verantwortlich gemacht.
Die Waffe sinkt, und das Gespräch beginnt,
ja, wäre die Vernunft nur bald erwacht!
    Jedoch noch ist es leider nicht soweit.
    Für die Vernunft hat der, der rüstet, keine Zeit!

Ihr Menschen, die ihr littet bitterlich,
so lasst uns unsre Stimme laut erheben.
Es soll nicht Angst sein, sondern Frieden.
Lasst uns doch endlich so wie Menschen leben!
Hört nicht auf den Verstand nur, der ist schwach.
Auf die Vernunft hört, Menschen, ruft sie wach!

Begegnung mit M1

Es ist noch nicht lange her, dass ich einen schmerzlichen Abschied zu nehmen hatte, nicht einen jener Allerweltsabschiede, wie man sie allerorten zu erledigen hat. Einen Menschen erkennt man an der Summe seiner Abschiede. Je mehr Abschiede einer bemerkt, desto gefasster wird sein Lächeln.

Da kein Lebender, der durch eine Tür hinausgeht, weiß, in welcher Verfassung er wieder eintreten wird, jedenfalls verändert in jener tragischen Bannmeile zwischen Instinkt und grauer Hirnrinde, zwischen Anschauung und Begriff, ist es Zeit für ihn zu wissen, dass er in jedem Fall von Abschied zu Abschied geht.

So wird jede Begegnung zum Abschied, so umzieht jede Begegnung ein Geruch von Vernichtung, so raucht unter jeder Taufe vergossenes Blut, so knöcheln im Geläut der Festglocke die Finger der Gerippe, so kommt auf jede der bunten Lampionketten von Begegnungen in einem Leben eine schwarz raschelnde Papiergirlande der Abschiede ...

Daran dachte ich, als ich nach jenem Abschied im Winkel einer unterirdischen Weinstube saß. Der Kellner hatte auf dem alten Holztisch eine Kerze entzündet und war gegangen. Ich war allein in dem dunklen Raum mit der Tochter, so nannte ich das vierte Glas Niersteiner, das nach Vater, Mutter und Sohn eine Familie aus Wein in mir zu bilden bestrebt war.

Dann wusste ich, dass M1 am Tisch saß.

Ich hatte damals die Möglichkeit, mich mit ihm zu unterhalten, den nie jemand außer mir gesehen hat. Er war in bestimmter Mission von seinem Stern auf unsere dunkle Erde entsandt worden. M1 war eine Art Kundschafter. Es war damals viel in den Zeitungen von jenen Scheiben in der Luft die Rede, die sie »fliegende Untertassen« nannten. Er behauptete mit einem fast unheimlichen Ernst, dass er eines Nachts einer jener Weltraumscheiben entstiegen sei, als sie landete. Es seien auf verschiedenen Punkten unserer Erdkugel einige Kundschafter abgesetzt worden. Er werde ebenso wie die anderen wieder abgeholt. Er sei froh, mir zu begegnen, einem Menschen, der Zeit habe.

Wie er heiße, fragte ich ihn. »Nennen Sie mich M1«, erwiderte er.

Bei der zweiten Begegnung, die ich mit ihm hatte, in eben jener Weinstube, in der er unsichtbar am Tisch saß, wurde er gesprächig, nachdem ich ihn eingeladen hatte zu trinken.

»Können Sie nicht etwas von Ihrem Heimatstern berichten?«, fragte ich ihn.

»Unmöglich«, erwiderte er.

Ich bedauerte es. Jeder von uns würde gern wissen, wie es auf anderen Planeten aussieht. Dass der Mars z. B. halb so groß wie die Erde ist, dass man wegen geringerer Schwerkraft dort einen Stein dreimal so weit werfen kann als bei uns und dass die Temperaturen dort zwischen −45 und +20 Grad schwanken, das wissen wir von unseren ausgezeichneten Astronomen. Ich erfuhr aus dem Gespräch mit dem Unbekannten nur, dass wir Erdbewohner von ihnen als eine Art vorgeschichtliche Wilde angesehen werden.

»Was werden Sie denn berichten, wenn Sie abgeholt worden sind?«

M1 zögerte.

Aber schließlich gewann ich ihn, eine Art Bericht, den er notiert hatte, mir vorzulesen. Es war totenstill in der unterirdischen Weinstube, als mein Freund fast flüsternd seinen ersten Expeditionsbericht vorlas.

Was er berichtete, war etwa das Folgende:

»… Auf diesem kalten Stern« – so begann der Bericht – »ist ein rätselhaftes Fieber ausgebrochen. Seine Bewohner sind in eine bösartige Unruhe geraten. Sie haben in diesem Jahrhundert Millionen von sich getötet und 200 Millionen von ihren Orten vertrieben. Ein eigenartiger Barbarismus treibt sie dazu, sich Schlachtkostüme anzuziehen und mit heftigem Gebrüll und mit einer rätselhaften Begeisterung in riesigen Scharen übereinander herzufallen und möglichst viele Feinde zu vernichten. Wer diese ›Feinde‹ sind, ist nicht genau festzustellen, denn in diesem Jahrzehnt sind die ›Feinde‹ dies Volk, im nächsten Jahrzehnt jenes. Und wenn sich heute die einen und die anderen zerfleischen, so schließt das nicht aus, dass sie nicht auch eines Tages gemeinsam ihre Schlachtarbeit an einem dritten Volk fortsetzen. So geschieht es dort seit vielen tausend Jahren.

Aus den unklaren Äußerungen ihrer Antennen ist zu erraten, dass sie sich anscheinend nicht darüber einigen können, wie sie sich auf ihrem Stern einrichten sollen. Der Stern ist äußerst fruchtbar und könnte sie durchaus alle ernähren. Aber ihre Meinungsverschiedenheiten tragen sie allem Anschein nach aus, indem sie die Köpfe töten, die anderer Meinung sind, seien es die einzelnen oder die anders gesinnter Völker.

Es scheint, dass sie ihre Gedankenarbeit durch Schlachtarbeit ersetzen, denn statt sich zusammenzusetzen und durch gemeinsames Nachdenken herauszufinden, wie sie am besten zu Wohlstand kommen, überschütten sie die Andersdenkenden mit hässlichen Wörtern und geraten bei diesen öffentlichen Redespielen in Zuckungen und Rasereien.

Sie haben auch Kriegstänze, wie wir sie übrigens auf allen primitiven Sternen noch beobachten können. Diese Kriegstänze werden auf eine fast durchsichtige Matte gemalt und den einzelnen Bewohnern morgens ins Haus geschickt, die sie Zeitungen nennen. Morgens findet dann ein sonderbarer Ritus statt. Die Bewohner halten diese Matten vor Augen und nicken mit den Köpfen oder schütteln sie, und gelegentlich schlagen sie mit der Faust auf den Tisch und stoßen Worte hervor, die einen bösen Klang haben. Andere Köpfe laufen rot an. Es scheinen also die Bewohner dieses Sterns doch auf schwierige Art Gedanken zu entwickeln und Gefühle. Sie sind sehr rätselhaft eben.

Es herrschen noch finstere Unbräuche dort, denn der Stern ist noch sehr jung. In diesem halben Jahrhundert haben diese äußerst primitiv denkenden Massen nicht weniger als einunddreißigmal Massentötungen vorgenommen, die sie Kriege nennen, und denen sie sich mit heilig glühender Inbrunst widmen, dazu Hunderte von Aufständen und Revolutionen und Putschen.

Sie leben in Gemeinschaften, die sie Völker nennen und die einander oft aus mystischen Gründen hassen. Fast jedes Volk hatte übrigens einen Menschen als Vorsteher, den es Majestät nannte und verehrte. Nun, in diesem Jahrhundert, das noch keineswegs zu Ende ist, haben sie 57 dieser Könige gestürzt. Fünf dieser Könige wurden durch einen Überfall getötet und außerdem etwa 20 Präsidenten oder Minister. Sie nennen so etwas Attentat. Dazu wurden zahllose Einzeltötungen hervorragender Menschen vorgenommen. Sie richten das Recht oft so ein, dass es diese Tötungen erlaubt, auch Massentötungen, bei denen nur ein Teil – und zwar der schießende – Waffen und das Schlachtkostüm trug. Diese fanden meist zwischen Stacheldraht-Zäunen in vielen Ländern statt.

Übrigens spielen die Dichter und Nachdenker auf diesem Stern eine verachtete Rolle, was uns aufs Höchste verwunderlich erscheint; aber sie werden dort für unnütz gehalten. Sie hausen unter den Dächern und in größter Armut. Ihre Bücher werden selten gekauft, denn die Erdbewohner kaufen viel mehr Bücher minderen Ranges, die ihre Hersteller reich machen. In diesem Jahrhundert sind zahlreiche Dichter getötet worden, sei es durch kleine tragbare Maschinen, die Metall entsenden, oder durch Hunger und Einkerkerungen, denn sie haben den sonderbaren Brauch dort, Bestrafungen durch aufrechte Beerdigungen vorzunehmen. Sie bestatten einen Menschen in winzigen Kammern und geben ihm nur das Notwendigste. So werden Menschen für Jahre, manchmal für ihr ganzes Leben bestattet. Wenn man die Bestatteten dieses Säkulums zusammenzählen würde, so ergäbe sich eine ungeheure Zahl.

Haben ihre Nachdenker jedoch etwas entdeckt, was besser zum Töten geeignet ist als ein bisheriges Mittel, so werden die Nachdenker sehr geehrt. Bei allem Erfundenen prüfen die Machthaber dort unten zuerst, welchen Nutzen sie wirtschaftlich davon haben.

Es leben auf diesem sonderbaren Stern viele Menschen von Geist und Freundlichkeit. Sie schütteln die Köpfe über die Schrecklichkeit der Bräuche und kämpfen um eine friedliche Welt ohne Hass. Es wird interessant sein, bei einem Besuch im nächsten Jahrhundert festzustellen, ob dieser kleine Stern dem Betrachter ein besseres Bild bietet.

Man muss abwarten, ob es friedlichen Bewohnern gelingt, des Mordfiebers Herr zu werden. Viele von ihnen hoffen es mit ihrem ganzen Herzen, viele einfache Menschen und viele, deren Geist so weit reicht wie ihr Mut ...«

Als er diesen Bericht vorgelesen hatte, blickte mich mein Freund an. Ich war übrigens ein wenig erstaunt darüber, dass er gerade mir seinen Bericht mitgeteilt hatte. Gab es nicht hochmögende Kulturphilosophen, Gelehrte oder Politiker, die auf eine Begegnung mit ihm erpicht gewesen wären? Diese hätten ihm sagen können, dass er unsere Welt falsch geschildert habe. Gewiss sei sie nicht ein Paradies, immerhin bleibe sie die beste der möglichen Welten. Unsere Welt sei durchaus freundlich und gut, die Dichter und Denker würden auch geehrt. Ich dagegen sagte ihm, dass man unsere Welt auf einem kurzen Besuch nicht verstehe. Selbst ich, der einige Jahrzehnte in ihr verbracht hätte, verstünde sie nicht.

»Da sind wir uns also einig«, murmelte er, trank aus und verschwand mit einem ironischen Lächeln.

Lied von den Kommenden

Es wird ein Feierabend in der Welt sein,
Da wird ein guter Mond auf unsere Städte scheinen,
Der Wind wird nicht mehr um Ruinen wehen,
Und in den Betten werden schlafen und nicht weinen,
Die nach uns kommen.

Es wird ein Feierabend in der Welt sein,
Da lacht nicht nur ihr Mund, so oft sie lachen.
Sie schlafen nicht wie Ratten unterm Schutt.
Sie können in den Öfen Feuer machen,
Die nach uns kommen.

Es wird ein Feierabend in der Welt sein,
Da brauchen sie zur Mahlzeit schon drei Teller,
Auf ihre Tische tropft der Regen nicht.
Auch ohne Stern sind deren Stirnen heller,
Die nach uns kommen.

Es wird ein Feierabend in der Welt sein,
Da wird für sie ein Goldlack blühn im Garten!
Erlöst von Hunger uns und großer Not!
O lasst sie diesen Tag recht bald erwarten,
Die nach uns kommen.

Lasst einen Feierabend in der Welt sein!
An wen du dich mit dieser Bitte wendest?
Nur an uns selbst. Wir Deutschen, die heut leben,
Wir gehen ziemlich bleich, doch mutig euch voraus,
Die nach uns kommen.

Lied von der Zukunft

Wenn ihr einst im dreißigsten Jahrhundert
was wir auf der Welt getan uns fragt,
ob wir unsre Sache damals gut gemacht,
ob wir Europa auch gehörig weitergebracht:
Nein, sagen wir.
Wir lieferten der Welt zwei Kriege, sagen wir.
Wir waren Meister des Mordes, Apostel des Grauens,
Heroen der Hölle, Genies der Vernichtung,
Herren des Entsetzens ...
    Wir haben die Welt nicht weitergebracht.
    Wir haben die Welt und sie hat uns schlechter gemacht.

Wenn ihr einst im dreißigsten Jahrhundert
uns dann fragt, warum hat das sollen sein?
Dann werden wir die Antwort nicht wissen,
und wir werden stumm sein wie ein Stein.
Gut, sagen sie.
Baut Europa wieder auf, sagen sie.
Wir fordern von euch eine schönere Welt,
darum werdet Genies mit dem Ziegelstein,
Apostel der Konstruktion, Heroen der Saat.
Meister der Zukunft ...
    Nicht ganz unrecht, was ihr da von uns sagt.
    Wir haben die Welt und sie hat uns schlechter gemacht.

Wenn ihr einst im dreißigsten Jahrhundert
fragt, ob das die Menschheit auch schaffen wird,
dann seht euch um, die Welt wird besser werden!
Der Mensch kommt weiter, wenn er meist auch irrt.
Ja, sagen wir.
Wir bauen Europa wieder auf, sagen wir,
wir haben den Schmerz als Mörtel, die unerhörte Energie
der Verzweiflung, wir haben die eisernen Hände des Leids,
wir haben Frauen wie die Löwinnen,
und wir haben die Jugend, die aufsteigen wird!
    Dann werden wir sagen, wenn ihr uns einst fragt:
    Wir haben Unrecht getan, aber das Unrecht gutgemacht.

X. EPILOG

Theresienstadt

Wir stehen auf einem weiten Feld voller Gräber, aus deren Mitte sich ein riesiges Holzkreuz erhebt. Es ist der Friedhof von Theresienstadt, der 26000 Gräber zählt. Ich lege einen Kranz nieder. Diese kleine altertümliche Festung enthielt ein großes Konzentrationslager, ein Getto und einen Hinrichtungsplatz. Hunderttausende aus 35 Völkern sind von der SS durch diese Festung getrieben worden. Es ist unnötig, die Qualen und die Foltermethoden im Einzelnen zu schildern. Es genügt, das Wesentliche zu wissen, wenn man auf seinen Reisen diesen Schädelstätten der Grausamkeit begegnet. Es scheint mir notwendig, zu sagen, dass der furchtbarste Feind des Deutschen damals der Deutsche war. Wir haben das erlebt.

Wir wandern an einem strahlenden Maientag durch die Festung. Ein kräftiger Wind fährt durch die Straßenbäume, ein Wind, der Lebenslust und Fröhlichkeit verheißt. Das Schild am Eingang: »Arbeit macht frei« leuchtet weiß, und die vier Höfe sind leer. Blickt man in Einzel- und Sammelzellen, Revier und Bad und in den Frauenhof, so wird der alte Zorn wach, der Zorn über die Unmenschlichkeit, Folterkammern, Kugelspuren in der Mauer. Der Jammer, der den Fremden anstarrt, ist unmessbar. Wann wird die Menschheit endlich begreifen, dass niemals eine Idee durch Unmenschlichkeit durchgesetzt werden kann, sondern nur durch eine klug und menschlich gehandhabte Macht?

Es ist notwendig, diese Stätten der Qual zu erhalten: Theresienstadt, Auschwitz, Buchenwald, Dachau und die vielen anderen. Niemals darf die Unmenschlichkeit, die heute noch in zahlreichen Köpfen wuchert, wieder Tat werden.

Die Unmenschlichkeit, soviel ist nach unserer Erfahrung klar, beginnt bei der ersten Unterlassung, ja sie nährt sich geradezu von Unterlassungen. Es gibt nichts, was so schnell wächst wie die Unmenschlichkeit: vom Fingerschnipp bis zur MG-Garbe in atmende Leiber.

[Schlusschor]

O Welt voll Blut und Wunden!
Voll Elend und voll Schuld!
Singt laut aus allen Munden,
ein Ende hat Geduld!

Lasst uns die Welt begründen
in dieser Stunde neu!
Wir wolln den Frieden finden.
Geht er an uns vorbei?

Der Mensch hat für die Armen,
die tausendfach gesät,
nicht Hilfe und Erbarmen.
Er hebt den Schuh und geht.

Bald wird die Welt zerbrechen!
Der Mensch ist nicht mehr gut!
Der Morgen wird uns rächen!
Habt, Brüder, neuen Mut!

Der Tag hebt an zu strahlen.
Erwacht, ihr Schläfer, bald!
Ein Ende macht mit Qualen,
Mit Hunger, Krieg, Gewalt!

Wir wollen nicht mehr weinen.
Warum verzagen wir?
Das Licht bricht aus Gebeinen.
Den Morgen grüßen wir.

Die Fehler des seligen GW

Als der selige Weisenborn noch unerkannt auf Erden wandelte, ahnte er noch keineswegs, dass ihm kurz nach seinem Abscheiden ein Pfund Fehler auf der himmlischen Waagschale überhing. Das war einigen Engeln, die auf einer silbernen Wolke, umflügelt von einem märchenblauen Taubensaum, dahinjubilierten, peinlich. Der Verschiedene stand blass und zitternd und ahnte Hinauswurf und Höllenfahrt. Im letzten Augenblick jedoch flatterten die Engel hinzu, hoben das Pfund Fehler von der Himmelswaage und stellten höherenorts einen gesungenen Antrag.

Es wurde daraufhin entschieden, dass es sich bei diesem Pfund nicht um einen echten Fehler handele. Darauf konnte der Besagte noch eben passieren. Wie dieser Fehler hieß?

Nun: Unzufriedenheit.

Und man sagt, sie sei eine der schicksalsvollsten Gaben für die Menschheit, ja, direkt nützlich, wenn sie mit der Gabe des befreienden Lachens verbunden sei und dadurch fruchtbar gemacht werde.

Editorische Notiz

Die Auswahl für dieses Lesebuch ist ein kleiner Querschnitt aus einem umfangreichen Werk. Ich würde mich freuen, wenn dieses Buch dazu beitragen könnte, Günther Weisenborn wieder stärker in den Blick der literarisch interessierten Öffentlichkeit zu rücken. Keine Berücksichtigung fanden seine dramatischen Arbeiten, obwohl der Autor ja hauptsächlich für das Theater geschrieben hat. Aber den oft komplex konstruierten Stücken wäre eine Wiedergabe in Ausschnitten nicht gerecht geworden. Ebenso ausgespart habe ich den Briefwechsel, den G. W. und seine Ehefrau Joy während der Haft geführt haben. Er wurde in dem Buch »Liebe in Zeiten des Hochverrats« (herausgeben von Christian Weisenborn, Sebastian Weisenborn und Hans Woller, München 2017) ausführlich dokumentiert. Alle Texte wurden an die neue Rechtschreibung angepasst.

Ich bedanke mich bei allen Mitarbeiterinnen und Mitarbeitern im Archiv der Akademie der Künste in Berlin und im Deutschen Literaturarchiv in Marbach für ihre Unterstützung. Ein besonderer Dank geht an Sabine Wolf, die als Leiterin des Literaturarchivs, dann als stellvertretende Direktorin der AdK Berlin meine umfangreichen Recherchen ermöglicht hat. Außerdem danke ich Iliane Thiemann vom Bertolt-Brecht-Archiv, Peter Deeg vom Musikarchiv der AdK und Elmar Juchem von der Kurt Weill Foundation New York für ihre Antworten und Anregungen in Detailfragen, Tristan Benzmüller für seine Hilfe bei Recherchen in anderen Bibliotheken, Julia Häffner für die digitale Erfassung der Texte und Harald Warmbrunn für die Bücher aus seinen Regalen. Herzlich bedanke ich mich bei Sebastian und Christian Weisenborn für ihr Vertrauen und ihre Unterstützung. Allen, die sich für Günther Weisenborn interessieren, empfehle ich Christian Weisenborns Film »Die guten Feinde – Mein Vater, die Rote Kapelle und ich«, der für mich eine Anregung zu dieser Arbeit war.

Carsten Ramm im Januar 2019

Anmerkungen

DLA Marbach – Deutsches Literaturarchiv Marbach; Teilnachlass Günther Weisenborn

GWA Berlin – Günther-Weisenborn-Archiv im Archiv der Akademie der Künste Berlin

Der gespaltene Horizont – Günther Weisenborn, Der gespaltene Horizont, Aufzeichnungen eines Außenseiters; Verlag Kurt Desch, München, Wien, Basel 1964

I. AUSKUNFT

1917
Beitrag von G.W. für die Anthologie »Als ich fünfzehn war. Schriftsteller der Gegenwart erzählen«, herausgegeben von Eckart Kroneberg; Gütersloher Verlagshaus Gerd Mohn, Gütersloh 1969
   »*Ein Gott mit Krone war geflohen*«: Der deutsche Kaiser Wilhelm II. war in die Niederlande ins Exil gegangen und danke am 28. November 1918 ab.

Auskunft in eigener Sache
Manuskript im DLA Marbach; ein Adressat bzw. eine Veröffentlichung ist nicht bekannt.

»in der Harich-Angelegenheit«: Wolfgang Harich (1923–1995) war ein deutscher Philosoph und Journalist, der sich in der DDR für politische Reformen einen und einen demokratischen Kommunismus einsetzte. Dafür wurde er 1964 zusammen mit anderen Intellektuellen in einem Schauprozess wegen »Bildung einer konspirativen staatsfeindlichen Gruppe« zu zehn Jahren Haft verurteilt.

II. REVUE

Strophe für Rebellen
Maschinensong
Das ist das Lied mit »Ach so«
Straße frei in das Barbarental
S.O.S.-Choral

Aus dem Schauspiel »S.O.S. – Eine unbändige Revue«; Manuskript im GWA Berlin, Nr. 160; eine Veröffentlichung ist nicht bekannt.

Lied der Gloria

Aus dem Schauspiel »Der letzte Tag«; Manuskript im GWA Berlin, Nr. 32; eine Veröffentlichung ist nicht bekannt.

Lied vom Kriege

Lied für den Film »Niemandsland« (D 1931, Regie: Victor Trivas), vertont von Hanns Eisler, gesungen von Ernst Busch. Aus: Hanns Eisler, Lieder aus der Filmmusik »Niemandsland«, Klavierauszug von fremder Hand, Akademie der Künste Berlin, Hanns-Eisler-Archiv, Nr. 624

Choral vom weißen Käse

Song für die Revue »Wir sind ja sooo zufrieden ...«; in: Berlin am Morgen, Tageszeitung, 17. November 1931

Die »Junge Volksbühne«, eine Abspaltung der Berliner Volksbühne, brachte am 17. November 1931 im Bach-Saal an der Lützowstraße
eine »Rote Revue« unter dem Titel »Wir sind ja sooo zufrieden ...«
heraus. Mit diesem Abend bezogen Berliner Künstlerinnen und Künstler Stellung gegen die immer stärker werdenden Nationalsozialisten,
beteiligt waren u.a. Bertolt Brecht, Bernard von Brentano, Ernst Ott-
walt, Erich Weinert und G.W. als Autoren sowie Hanns Eisler, Friedrich
Hollaender und Kurt Weill als Komponisten. Mitwirkende waren u.a.
Helene Weigel, Valeska Gert, Blandine Ebinger, Lotte Lenya, Gerhard
Bienert und Ernst Busch.

Der »Choral vom weißen Käse«, vertont von Kurt Weill, wurde von
Lotte Lenya vorgetragen. In dem Song, überlieferten Kritiken zufolge
ein Höhepunkt des Abends, karikierte G.W. den einflussreichen Wun-
derheiler und Sektenführer Joseph Weißenberg (1855–1941), der für die
Nationalsozialisten Partei ergriff. Weißenberg stand 1930 vor Gericht,
weil ein Mädchen nach einer von ihm verordneten Therapie, die aus
Quarkwickeln und Gebeten bestand, erblindet war. In einem Gespräch
mit Hans Bunge sagte G.W. 1962:

»Später kam die ›Rote Revue‹, an der sich Brecht leidenschaftlich beteiligte
und für die wir alle etwas geschrieben haben. Das war eine ziemlich wichtige
Angelegenheit, die man heute in ihrer Tragweite nicht mehr beurteilen kann.
Brecht hatte mich dringend gebeten, da auch etwas zu schreiben, und ich
habe von dem Nationalisten Weißenberg, der gleichzeitig ein ›Heilkundiger‹
war und die Leute mit Quark heilen wollte, ein Lied geschrieben, das Weill
vertonte. Es endete immer mit der Choralstrophe ›So nimm denn meine
Hände‹, die auf jeden Vers passt; die Lenya hat es gesungen. Dann war noch
ein Lied mit dem SA-Mann, glaube ich: dazu hat jeder von uns eine Strophe
geschrieben. [...] Das war ein reines Kollektivgedicht; ich weiß nicht mehr
genau, wer alles daran gearbeitet hat. Aber es war sehr amüsant; alle diese Arbeiten entstanden aus einer wirklich überströmenden Kraft und einer Freude,
einem Vergnügen an der Arbeit. Wir wussten genau, dass das richtig ist, und
wir mussten nur das Richtige gut machen.«
(Hans Bunge, Gespräch mit G.W. am 23. August 1962; Akademie der
Künste Berlin, Hans-Bunge-Archiv, Nr. 1084)

Es ist anzunehmen, dass der »Choral vom weißen Käse«, den G.W. erstmals am 9. November 1931 in seinem Tagebuch erwähnte (»schreibe Weißenberg-Song + SA-Prolet«), erst kurz vor der Premiere seine endgültige Form bekam. Ein im Bertolt-Brecht-Archiv der AdK liegender Korrekturbogen des Programmhefts verzeichnet die Namen Lenya und Weill noch nicht, dafür wird Margarete Steffin, die damals mit den Fichte-Sprechchören sowohl an dem Film »Kuhle Wampe« als auch an der »Roten Revue« beteiligt war, unter den Mitwirkenden als Solistin genannt. G.W. notierte am 15. November in seinem Tagebuch: »Generalprobe der roten Revue. Lenya ist da, aus Russland zurück.« Möglicherweise hat auch jetzt erst Kurt Weill an dem Song mitgearbeitet, vorher wurde er im Tagebuch von G.W. nicht erwähnt. Am Montag, dem 16. November gab es, so das Tagebuch, weitere Proben im Bach-Saal. Im gedruckten und zur Premiere verkauften Programmheft sind dann Kurt Weill bei den Komponisten und Lotte Lenya bei den Mitwirkenden aufgeführt, während der Name Grete Steffin auf allen vorliegenden Exemplaren handschriftlich ausgestrichen ist. War der »Choral vom weißen Käse« vielleicht zunächst für die Steffin vorgesehen?

Es gibt noch viele offene Fragen rund um die »Rote Revue«. Von dem Abend ist bis auf das Programmheft mit einzelnen darin abgedruckten Texten, wenigen Zeitungskritiken und den Beiträgen Brechts kaum etwas überliefert. Unklar ist zum Beispiel auch, ob das »Lied vom SA-Proleten« allein von Brecht stammt oder, wie es G.W. im Gespräch mit Hans Bunge sagt, eine Kollektivarbeit ist. Die im November 1931 in der Berliner »Illustrierten Roten Post« abgedruckte Fassung umfasst auf jeden Fall mehr Strophen als das später in den Brecht-Werken abgedruckte »Lied vom SA-Mann«.

Text und Noten des »Chorals vom weißen Käse« galten lange als verschollen. In einem Brief an Lotte Lenya erinnerte sich G.W. 1963 lediglich so:

»Sie kamen in armseliger Kleidung als blindes Mädchen auf die Bühne und sangen:

Entschuldigung, ich sehe nicht ganz richtig denn ich bin blind,
doch das ist nicht so wichtig,
denn ich habe einen Glauben, der ist schön
und einen Weißenberg,
zu dem wir beten gehn ...
So nimm denn meine Hände ...

Als ich krank lag, trat der Meister ein,
legte weißen Käse auf die Augen mein,
lobte Gott und sagte: Du bist Gottes Kind ...
ich heile dich ...
doch leider war ich blind ...
Bis an mein selig Ende und ewiglich ...«

Die weiteren Verse weiß ich nicht auswendig, aber ich könnte sie sicher finden,
wenn Sie Wert darauf legen. Weißenberg war ein nationalistischer Heilsapostel.
Sie hatten mit dem Lied einen sehr starken Erfolg.«
(Brief vom 28. November 1963 von G. W. an Lotte Lenya, New York;
GWA Berlin, Nr. 967)

Lenya schrieb in ihrer Antwort: »Wird wohl in irgendeinem Keller ver-
graben sein.« Wie nahe sie damit der Wahrheit kam, konnte sie damals
nicht ahnen. Im Herbst 2017 wurde der Song auf einem Notenblatt
in der Handschrift Kurt Weills in einem Koffer mit dem Nachlass der
Schauspielerin Gerda Schäfer im Archiv des Instituts für Theaterwis-
senschaften an der FU Berlin wiedergefunden. Der Musikwissenschaft-
ler Elmar Juchem, der eigentlich auf der Suche nach Notenmaterial zu
Kurt Weills »Happy End«-Komposition war, konnte Text und Noten
der »Roten Revue« zuordnen. Im Herbst 2018 veröffentlichte Juchem
die Noten und die auf dem Notenblatt niedergeschriebenen ersten
vier Strophen des Songs im Verlag der »European American Music
Corporation«.

Kurz nach der Drucklegung der Noten entdeckte der Herausgeber
dieses Buches bei Recherchen im Zeitungsarchiv der Staatsbibliothek
Berlin den vollständigen, sechs Strophen umfassenden Text des »Chorals vom weißen Käse«, der am Premierentag der »Roten Revue« in
der Berliner Tageszeitung »Berlin am Morgen« abgedruckt war und
hier erstmals wieder veröffentlicht wird.

Ballade von einem der auszog, das Gruseln zu lernen

Aus: »Es war einmal – Ein Weihnachtsmärchen für Erwachsene; nach
einer Idee von Friedrich Hollaender«; Texte für eine Revue, Kopie
des Manuskripts im Archiv der Akademie der Künste Berlin, Bertolt-
Brecht-Archiv, Nr. 215.

Friedrich Hollaender lud 1931 verschiedene Autoren ein, sich an
einer Weihnachtsrevue in seinem Tingel-Tangel-Theater zu betei-
ligen. Brecht steuerte sein »Falladah«-Gedicht bei, G.W. die hier
abgedruckte »Ballade«. Ob die Revue tatsächlich mit allen Texten
aufgeführt wurde, ist nicht bekannt.

Den Himmel hat ein Krieg besetzt
Abendchoral

Aus dem Schauspiel »Die Arbeiter von Jersey«; in: G.W., Theater,
Band 3; Henschelverlag, Berlin 1967

III. DER ILLEGALE

Von der eigenen Haut

Aus: Ulenspiegel, 1946, Heft 2, 1. Januar-Heft

» Geschrieben in der Gestapo, Prinz-Albrecht-Straße 8 «: In der
Berliner Prinz-Albrecht-Straße, der heutigen Niederkirchnerstraße,
war in der NS-Zeit die Gestapo-Zentrale untergebracht. In einer der
Zellen im Kellergeschoss war G.W. nach seiner Verhaftung lange in-
haftiert. Das Gebäude besteht heute nicht mehr, nur einige Kellerfun-
damente sind freigelegt und gehören zur Ausstellung »Topographie
des Terrors«.

An die Freunde (Anrufung I)
Erscheinung (Anrufung II)
Aus: G. W., Sieben Gedichte; in: Aufbau, kulturpolitische Monats-
zeitschrift, herausgegeben vom Kulturbund zur demokratischen Er-
neuerung Deutschlands, Heft 1, Berlin 1945; auch veröffentlicht in:
De profundis, Deutsche Lyrik in dieser Zeit, herausgegeben von Gun-
ter Goll; Verlag Kurt Desch, München 1946

Leben der Illegalen
Aus: Freiheit, Zeugnisse aus der deutschen Geschichte, herausgegeben
von Bruno Curth; Lessing Verlag, Berlin 1946

Ballade vom verratenen Zimmermann
Aus: Die Weltbühne; 2. Jahrgang, Nummer 11, 1. Juni-Heft 1947

Harro und Libertas
Aus: Der gespaltene Horizont

Das Lied der Illegalen
Wer hilft dir?
Bist du ein Mensch, so bist du auch verletzlich
Aus dem Schauspiel »Die Illegalen«; in: G. W., Theater, Band 2, Henschelverlag, Berlin 1964

Es gab eine deutsche Widerstandsbewegung
Aus: Aufbau, kulturpolitische Monatsschrift; 3. Jahrgang, Heft 1,
Berlin 1947; Erstveröffentlichung: Die Neue Zeitung, München,
9. Dezember 1946

Die Gruppe
Manuskript im DLA Marbach; veröffentlicht in: G. W., Die Clowns
von Avignon / Klopfzeichen, zwei nachgelassene Stücke; herausgegeben
von H. D. Tschörtner; Henschelverlag, Berlin 1982

Siebenundsiebzig Männer

Aus: Ulenspiegel, 1946, Heft 19, 1. September-Heft

Mit Brecht im Gestapo-Keller

Aus: Der gespaltene Horizont

Gewissen gegen Paragraphen

Aus: Stern, 1951, Heft 23, 10. Juni 1951. Als Manuskript im DLA Marbach; der Titel wurde vom Manuskript übernommen.

Mit seinem Leserbrief protestiert G. W. gegen die zehnteilige Artikelserie »Rote Agenten unter uns«, die der »Stern« Anfang Mai 1951 begonnen hatte. Mit dieser Serie wurden die Legenden, die von den Nationalsozialisten und der Gestapo rund um den deutschen Widerstand gestrickt worden waren, in den bundesdeutschen Alltag weitergetragen. Die Widerstandgruppe um Harro Schulze-Boysen und Arvid Harnack hatte von ihren Verfolgern und Anklägern den Namen »Rote Kapelle« bekommen und war als ein von der Sowjetunion gelenkter Spionagering dargestellt worden, der den deutschen Soldaten in den Rücken gefallen ist. In der Nachkriegszeit wurde diese Sicht auf den Widerstand von den westlichen Alliierten gerne übernommen, half sie doch, ihren Gegner, die Sowjetunion, zu dämonisieren. Als Kronzeuge diente ihnen damals der Jurist Manfred Roeder, der in den NS-Prozessen gegen die »Rote Kapelle« Chefankläger war. Zahlreiche überlebende Angeklagte berichteten nach dem Krieg von einem gefühllosen und unmenschlichen Vorgehen Roeders und nannten ihn »Blutrichter« oder »Hitlers Bluthund«. Für den ebenfalls angeklagten und zusammen mit G. W. im Zuchthaus Luckau einsitzenden ehemaligen preußischen Kultusminister Adolf Grimme war er »einer der schlimmsten Verbrecher aus der Schandjustiz jener Jahre«. Dennoch war Roeder nur kurz in amerikanischer Kriegsgefangenschaft, wurde schnell rehabilitiert und diente dem amerikanischen Militärnachrichtendienst als informeller Mitarbeiter. Eine Anzeige gegen ihn, die Adolf Grimme, die ebenfalls im Widerstand aktiv gewesene

Greta Kuckhoff und G.W. wegen Verbrechen gegen die Menschlichkeit beim Internationalen Militärgerichtshof in Nürnberg eingereicht hatten, führte zu keinem Verfahren. Weitere Anklagen gegen Roeder wurden niedergeschlagen oder endeten mit Freispruch. Der Historiker Hans Woller schreibt 2017:

»Als 1951 doch noch ein Ermittlungsverfahren gegen Roeder [...] eröffnet wurde, war der Widerstand in beträchtlichen Teilen der Gesellschaft bereits so hoffnungslos in Misskredit geraten, dass sich die Fronten verkehrten. [...] Die Staatsanwaltschaft Lüneburg übernahm Roeders alte Sicht der ›Roten Kapelle‹, sie tat die Vorwürfe gegen ihn als ›gegenstands- und belanglos‹ ab und verfasste einen Abschlussbericht, der sich wie eine ›Anklageschrift gegen Schulze-Boysen und andere‹ las. Die ›Rote Kapelle‹ erschien darin als Spionagetruppe Moskaus, die es in Kauf genommen habe, dass in ›erster Linie [...] der Frontsoldat und die Heimat getroffen‹ worden seien. Damit verliere die Gruppe Schulze-Boysen/Harnack ›ihren Charakter als Widerstandgruppe‹. Das Verfahren wurde im Mai 1952 eingestellt, wobei es der zuständige Staatsanwalt, selbst ein belasteter Mann, nicht versäumte, die Rechtmäßigkeit der Prozesse aus den Jahren 1942 und 1943 und das korrekte Verhalten des damaligen Anklägers Roeder festzustellen. Die Gestapo-Erfindung von der ›Roten Kapelle‹ als landesverräterische Organisation hatte damit den offiziellen Stempel der westdeutschen Justiz.«
(Joy und Günther Weisenborn, Liebe in Zeiten des Hochverrats, Tagebücher und Briefe aus dem Gefängnis 1942–1945; herausgegeben von Christian Weisenborn, Sebastian Weisenborn und Hans Woller, Verlag C.H.Beck, München 2017)

In der jungen Bundesrepublik engagierte sich Roeder für die rechtsradikale »Sozialistische Reichspartei« und nach deren Verbot für die ebenfalls rechtsradikale »Deutsche Reichspartei«. In öffentlichen Vorträgen, Zeitungartikeln und in einem Buch diffamierte er die Mitglieder des Widerstands weiterhin als Landesverräter und Spione. Und es war nicht nur der »Stern«, der seine Darstellung übernahm, auch der »Spiegel« machte sich zu Roeders Sprachrohr, indem er 1968 in einer Serie die alten Gestapo-Legenden nochmals aufwärmte. Erst 2009 hob der Deutsche Bundestag die wegen »Kriegsverrats« gefällten Urteile der NS-Justiz auf und rehabilitierte damit auch die Mitglieder der Widerstandsgruppe um Harro Schulze-Boysen und Arvid Harnack.

G. W. gibt 1953 das Buch »Der lautlose Aufstand. Bericht über die Widerstandsbewegung des deutschen Volkes 1933–1945« heraus. Ausgehend von Material, das die Schriftstellerin Ricarda Huch seit 1945 gesammelt und das sie vor ihrem Tod 1947 G. W. übergeben hatte, dokumentiert er darin die vielfältigen Aktivitäten des Widerstands gegen die Nationalsozialisten. In seiner Einleitung schreibt er:

> »Erst wenn die deutsche Widerstandsbewegung im öffentlichen Bewusstsein anerkannt ist als ein würdiger, geschichtsbildender Faktor unserer Entwicklung, erst dann wird man von Gerechtigkeit in Deutschland sprechen dürfen. Und Gerechtigkeit – sie ist es doch, die unser aller Tun und Denken bestimmen sollte, nicht Ressentiments, nicht Hass, nicht Vorurteil. Nur gelassene, kläräugige Gerechtigkeit wird uns Deutschen erlauben, die Vergangenheit so zu sehen, dass wir unserer Zukunft entgegenblicken können – der reineren Zukunft unserer Kinder, für die so viele Deutsche gestorben sind.«
> (Der lautlose Aufstand, Bericht über die Widerstandsbewegung des deutschen Volkes 1933–1945; herausgegeben von Günther Weisenborn, Rowohlt Verlag, Hamburg 1953)

»*außer Scheliha*«: Hier sitzt G. W. einer Falschinformation auf: Die Nationalsozialisten diffamierten den Diplomaten und Widerstandskämpfer Rudolf von Scheliha als Spion der Sowjetunion und Landesverräter. Scheliha, der an der deutschen Gesandtschaft in Warschau tätig war, hatte sein Wissen von Gewaltverbrechen an der polnischen Bevölkerung und Informationen über die »Endlösung der Judenfrage« bei Reisen in die Schweiz weitergegeben. Er war 1942 Mitangeklagter im Prozess gegen Schulze-Boysen und andere, wurde zum Tode verurteilt und hingerichtet. Lange wurde ihm in der Bundesrepublik eine Rehabilitierung versagt. Als das Auswärtige Amt 1961 elf seiner als Widerstandkämpfer hingerichteten Mitarbeiter mit einer Gedenktafel ehrte, fehlte darauf der Name Schelihas, weil ihm weiterhin die Weitergabe von Informationen an die Sowjetunion vorgeworfen wurde. Erst neuere Forschungen und eine Scheliha-Biografie von Ulrich Sahm (»Rudolf von Scheliha 1897–1942, Ein deutscher Diplomat gegen Hitler«, München 1990) führten dazu, dass 1995 das

Kölner Verwaltungsgericht feststellte, dass Scheliha nicht wegen Spionage, sondern in einem Scheinverfahren wegen seiner Gegnerschaft zum Nationalsozialismus zum Tode verurteilt worden sei, und deshalb das Urteil von 1942 aufhob.

Lied von der Vergesslichkeit
Manuskript im GWA Berlin, Nr. 1; veröffentlicht in: Poesiealbum 196, G. W., herausgegeben von H. D. Tschörtner; Verlag Neues Leben, Berlin 1984

IV. MELANCHOLIE

Flaschenpost
Aus: Rhythmen, Jahrbuch der Freien Akademie der Künste in Hamburg; Hamburg 1962

Der Mensch hat nichts zu lachen
Manuskript im GWA Berlin, Nr. 1; eine Veröffentlichung ist nicht bekannt.

Melancholie
Aus dem Schauspiel »Die guten Feinde«; in: G. W., Theater, Band 3; Henschelverlag, Berlin 1967. Unter dem Titel »Aufschrei« auch in: G. W., Gedichte für Ruth; Manuskript im Archiv der Akademie der Künste Berlin, Sammlung Jüdischer Kulturbund, Nr. 1.53.641.

Nachtgesang
Aus: Federlese, ein Almanach des deutschen PEN-Zentrums der Bundesrepublik, herausgegeben von Benno Reifenberg und Wolfgang Weyrauch; Verlag Kurt Desch, München 1967

Ach, gelernte liebe Zärtlichkeiten

Aus dem Hörspiel »Die Haut und das Messer«; in: G.W., Der Reiherjäger und andere Hörspiele, herausgegeben von H.D. Tschörtner; Henschelverlag, Berlin 1990

Und du bleibst stehn vor Erschrecken

Aus: G.W., Gedichte für Ruth; Manuskript im Archiv der Akademie der Künste Berlin, Sammlung Jüdischer Kulturbund, Nr. 1.53.641.

Drei Additionen

Aus: Umwege, Jahrbuch der Freien Akademie der Künste in Hamburg; Hamburg 1955

Regenlied

Manuskript im GWA Berlin, Nr. 1; eine Veröffentlichung ist nicht bekannt.

Wolkenlied

Aus: G.W./Joy Weisenborn, Wann sind wir endlich frei, Briefe, Lieder Kassiber 1942-1943; herausgegeben von Elisabeth Raabe; Arche Literatur Verlag, Zürich, Hamburg 2008

Lied von den Türen

Aus: Ulenspiegel, 1946, Heft 20, 2. September-Heft

Desperates Schlaflied
Lied im Zorn
Lasst uns Steine säen
Bitte um Mitternacht

Manuskripte im GWA Berlin, Nr. 1; Veröffentlichungen sind nicht bekannt.

Lied vom Geschrei

Aus dem Schauspiel »Luiza Lee«; in: G. W., Theater, Band 4, Henschelverlag, Berlin 1967

V. HEIMKEHR

Als die Stadt schwieg

Manuskript im DLA Marbach; eine Veröffentlichung ist nicht bekannt.

Dreimächtepakt: Den Dreimächtepakt zwischen Deutschland, Italien und Japan, in dem eine ausgedehnte militärische Zusammenarbeit vereinbart wurde, unterzeichneten die Außenminister Ribbentrop, Ciano und Kurusu am 27. September 1940 in der Berliner Reichskanzlei. G.W. berichtet in seinem »Memorial«, dass er daran als Vertreter des Großdeutschen Rundfunks teilgenommen hat:

> »Es waren verschiedene Vertreter des Großdeutschen Rundfunks dabei anwesend, einer davon war ich. Wir saßen im Goldenen Saal der Reichskanzlei. Uns gegenüber ragte eine gewaltige Wand von Blumen, in der ein grüner Tisch sichtbar war. An diesem Tisch saßen Kurusu, Ciano und Ribbentrop. Hinter ihnen in den Blumen schimmerte und blinkte die paradierende Pracht des faschistischen Militärs. Der gelassene Himmler mit dem bestialischen Buchhaltergesicht, Keitel, die korrupte Säule verbissenen Soldatentums, jener ganze alberne blutbesudelte Apparat der drei Diktaturen spielten uns die Unterzeichnung des Dreimächtepaktes vor. Da flogen die Arme, klappten die Hacken und die Phrasen, klimperten die Orden, blinkerten die Tressen und Sterne, ein prachtgeladenes Ruckzuck der Weltbeherrschung. Und dann erschien der Haushofmeister aus dem Schäferspiel mit weißen Strümpfen, blauseidenen Kniehosen und Rokokofrack und stieß seinen Stab dreimal auf den Boden. Alles sprang auf, salutierte starr und bleich, ein Wald von Armen stand zur riesigen Tür, die sich durch eine Mechanik lautlos öffnete, und der Höhepunkt war gekommen. Es musste etwas Gewaltiges erscheinen. Es erschien der Führer! Er erschien klein, weich und bescheiden, mit jener familiären Ergriffenheit im schlichten Rock, die so zu rühren pflegte. Welches

Abstechen, welcher Kontrast, welche Berechnung der Erwartung, welche Regie, welch gerissenes Theater. Welche böse Rechnung, aber sie ging auf!«
(G.W., Memorial; Verbrecher Verlag, Berlin 2019)

Heimkehr nach Berlin
Manuskript im GWA Berlin, Nr. 1; eine verkürzte Fassung findet sich im Hörspiel »Die Haut und das Messer« in: G. W., Der Reiherjäger und andere Hörspiele, herausgegeben von H. D. Tschörtner; Henschelverlag, Berlin 1990

Eine Stadt namens Dresden
Aus: Der gespaltene Horizont
   »135 000 Menschen wurden in jener Nacht getötet«: G. W. geht hier von falschen Zahlen aus. Nach neuesten historischen Untersuchungen starben bei den Bombenangriffen auf Dresden zwischen 22.700 und 25.000 Menschen.

Von der Stadt Berlin
Manuskript im GWA Berlin, Nr. 1; eine Veröffentlichungen ist nicht bekannt.

Das war Berlin
Aus: Der gespaltene Horizont

Begegnung am Abend
Manuskript im GWA Berlin, Nr. 311; ein Vermerk datiert die Erzählung auf November 1964; eine Veröffentlichungen ist nicht bekannt.

Die Nationen Europas
Aus: Arnold Zweig zum siebzigsten Geburtstag. Eine Festschrift; Deutsche Akademie der Künste zu Berlin; Berlin 1957

VI. WAHRHAFTIGKEIT

Mit Brecht in Zürich
Aus: Der gespaltene Horizont

Salut an Hemingway
Manuskript im GWA Berlin, Nr. 1; eine Veröffentlichung ist nicht bekannt.

» dass sie dir diesen Nobelpreis gaben«: Der Schriftsteller Ernest Hemingway (1899–1961) erhielt 1954 den Literaturnobelpreis.

Nachwort zu Brechts Tod
Manuskript im GWA Berlin, Nr. 1; der Text wurde in verschiedenen Tageszeitungen der DDR veröffentlicht, so zum Beispiel in der »B.Z. am Abend« vom 14. September 1956

Auf den Tod eines Dichters
Aus: Hans Henny Jahnn – Buch der Freunde, zusammengestellt von Rolf Italiaander; herausgegeben von der Freien Akademie der Künste in Hamburg; Hamburg 1960

Von der Wahrhaftigkeit des Realismus
Aus: Neue deutsche Literatur, Zeitschrift für schöne Literatur und Kritik; 3. Jahrgang, Heft 8, August 1955

Er kam nachts
Manuskript im GWA Berlin, Nr. 341; ein Vermerk datiert die Erzählung auf Juli 1962; eine Veröffentlichungen ist nicht bekannt.

VII. KIOSK

Kiosk

Unter dem Titel »Kiosk« als Manuskript im GWA Berlin, Nr. 1. Unter dem Titel »Die Zeitungshändlerin« veröffentlicht in: Rhythmen, Jahrbuch der Freien Akademie der Künste in Hamburg; Hamburg 1962

Notiz vom Lachen

Manuskript im DLA Marbach; eine Veröffentlichung ist nicht bekannt.

Ballade vom Aquavit
Die Galionsfigur

Manuskripte im GWA Berlin, Nr. 1; Veröffentlichungen sind nicht bekannt.

Bei Betrachtung dreier Bilder

Manuskript im DLA Marbach; eine Veröffentlichung ist nicht bekannt.

Die Thunfische von Bakar

Aus: Der gespaltene Horizont

Ein Tiefseetaucher

Manuskript im DLA Marbach; eine Veröffentlichung ist nicht bekannt.
   Gauri Sankar: Ein 7181 m hoher Berg im Himalaya

Über die Muße:

Manuskript im DLA Marbach; eine Veröffentlichung ist nicht bekannt.

VIII. VON DEN WAFFEN

Von den Waffen

Manuskript im GWA Berlin, Nr. 1; eine Veröffentlichung ist nicht bekannt.

»Rommels Pistole«: Erwin Rommel (1891–1944) war ein deutscher Generalfeldmarschall im Zweiten Weltkrieg. Sein Einsatz während des deutschen Feldzugs in Nordafrika brachte ihm den Beinamen »Wüstenfuchs« ein. Die NS-Propaganda förderte gezielt die Entstehung des »Mythos Rommel«, der bis heute das Bild Rommels prägt.

»Günther Priens Dolch«: Günther Prien (1908–1941) war ein deutscher Marineoffizier und U-Boot-Kommandant. Aufgrund seiner militärischen Erfolge galt er für die NS-Propaganda als idealtypischer Kriegsheld.

»der Lügner von Rheydt«: NS-Propagandaminister Joseph Goebbels (1887–1945) wurde in Rheydt geboren.

»der Hetzer von Ems«: Hier kann Rolf Karbach (1908–1992) gemeint sein, der in Ems geboren wurde. Er war Funktionär der NSDAP, nahm als Leutnant der Reserve am Zweiten Weltkrieg teil und wurde mit dem Eisernen Kreuz I. und II. sowie mit dem Goldenen Ehrenzeichen der NSDAP ausgezeichnet. Gegen Kriegsende tat sich Karbach als geistiger Urheber des »Unternehmens Balduin« hervor, einer Testoperation für die von der SS nach einer deutschen Kriegsniederlage als Unternehmen Werwolf ins Auge gefassten Guerillaaktionen.

Mekong-Ballade

Unter den Titeln »Mekong-Ballade«, »Protest-Ballade« und »Vietnam-Ballade« als Manuskripte im GWA Berlin, Nr. 1. Unter dem Titel »Mekong-Ballade«, gesungen von Gisela May, auf der LP »Kämpfendes Vietnam«, VEB Deutsche Schallplatte, Berlin 1965

Der Interessent

Manuskript im GWA Berlin, Nr. 1; unter dem Titel »Das Fabelchen vom Interessenten« auch in: G. W., Göttinger Kantate; Arani Verlag, Berlin 1984

Die Ballade vom Bikini-Fisch

Manuskript im GWA Berlin, Nr. 1; auch in: G. W., Göttinger Kantate; Arani Verlag, Berlin 1984

»*Meer von Bikini*«: Das Bikini-Atoll liegt im Pazifischen Ozean; die Vereinigten Staaten führten hier von 1945 bis 1958 insgesamt 67 Atombombenversuche durch.

Das Lied vom Lehrer Leid

Manuskript im GWA Berlin, Nr. 1; auch in: G. W., Göttinger Kantate; Arani Verlag, Berlin 1984

Tag X

Auf Anfrage der Herausgeber Gudrun Ensslin und Bernward Vesper stellte G. W. diesen Text für die Anthologie »Gegen den Tod. Stimmen deutscher Schriftsteller gegen die Atombombe« (studio neue literatur, Stuttgart 1964; Nachdruck: edition cordeliers, Stuttgart 1981) zur Verfügung. Unter dem Titel »Bericht über einen Traum« in »Der gespalte Horizont«. Unter dem Titel »Ein gleichgültiger Mittwoch« in: Außerdem, Deutsche Literatur minus Gruppe 47 = wieviel?, herausgegeben von Hans Dollinger; Scherz Verlag, München, Berlin, Wien 1967

Die geistige Vorbereitung auf den nächsten Krieg

Manuskript im GWA Berlin, Nr. 1; eine Veröffentlichung ist nicht bekannt.

Dreierlei Kriege sinds
Aus dem Manuskript »Begebenheiten am Yangtsekiang«, DLA
Marbach

IX. ZUKUNFT

Ach, mit Hass und Eisen
Manuskript im GWA Berlin, Nr. 1; eine Veröffentlichung ist nicht
bekannt.

Lied von der Freiheit
Aus: Dem Dichter des Friedens Johannes R. Becher zum 60. Geburtstag; Aufbau-Verlag, Berlin 1951

Besuch in der Sternwarte
Aus: Der gespaltene Horizont

Von den Völkern der Erde
Manuskript im DLA Marbach; eine Veröffentlichung ist nicht bekannt.

Der Choral von der Vernunft
Aus: G. W., Göttinger Kantate; Arani Verlag, Berlin 1984

Begegnung mit M1
Aus: Profile, Jahrbuch der Freien Akademie der Künste in Hamburg;
Hamburg 1967

Lied von den Kommenden
Aus: Politische Gedichte der Deutschen aus acht Jahrtausenden, herausgegeben von Hans-Heinrich Reuter; Insel-Verlag, Berlin 1960

Lied von der Zukunft

Aus: Poesiealbum 196, G. W., herausgegeben von H. D. Tschörtner; Verlag Neues Leben, Berlin 1984

X. EPILOG

Theresienstadt

Aus: Der gespaltene Horizont

Schlusschor

Aus dem Schauspiel »Die Arbeiter von Jersey«; in: G. W., Theater, Band 3; Henschelverlag, Berlin 1967

Die Fehler des seligen GW

Manuskript im GWA Berlin, Nr. 1; eine Veröffentlichung ist nicht bekannt.

VERBRECHER VERLAG

Günther Weisenborn

MEMORIAL

220 Seiten
Broschur
19 €

ISBN: 978-3-95732-376-7

Günther Weisenborn, ein junger Schriftsteller aus dem Rheinland, wird 1928 in Berlin gefeiert. Sein Stück »U-Boot S 4« ist an der Volksbühne ein großer Erfolg. Weisenborn zieht nach Berlin, schreibt Theaterstücke, bearbeitet zusammen mit Brecht und Eisler Gorkis Roman »Die Mutter« für die Bühne und verfasst unter dem Titel »Barbaren« seinen ersten Roman. 1933 wird das Buch von den Nationalsozialisten verbrannt, seine Stücke werden verboten. Weisenborn schreibt unter Pseudonym weiter, arbeitet beim Reichsrundfunk und als Chefdramaturg an Heinrich Georges Schiller-Theater.

1937 schließt er sich der Widerstandsgruppe um Harro Schulze-Boysen an, die von der Gestapo »Rote Kapelle« genannt wird, 1942 wird er verhaftet und verurteilt, bis 1945 sitzt er im Zuchthaus Luckau. 1948 erscheint sein »Memorial«, in dem er eindringliche Szenen aus Widerstand und Haft seinen Erinnerungen aus dem vorherigen Leben in Freiheit gegenüberstellt. Das Buch wird in West- wie in Ostdeutschland zum Bestseller.

Verbrecher Verlag | Gneisenaustraße 2a | 10961 Berlin | info@verbrecherei.de
www.verbrecherei.de